과학은 쉽다!

★ 초등학교 과학 교과서와 함께 봐요!

과학 3-1   지구의 모습
과학 4-2   화산과 지진
           화산 활동과 지진(김영사)
과학 5-1   태양계와 별
과학 6-1   지구와 달의 운동
과학 6-2   계절의 변화

* 3~6학년 과학 교과서는 출판사별로 교과 단원 순서가 달라, 순번을 표기하지 않았습니다.

우주 탐사와 로켓

과학은 쉽다!

이정아 글·남동완 그림

비룡소

차례

1 인류는 왜 우주에 가려고 할까? 우주 탐사의 목적

최초로 우주로 간 사람은? · 8   어디서부터 어디까지가 우주야? · 12
아주 오래전부터 인류와 함께한 우주 · 14   우주에는 무엇이 있을까? · 16
행성 사냥꾼, 외계 행성을 찾아라! · 18   우주를 탐사하는 이유 · 20
사람이 살 수 있는 행성의 조건은? · 22   '제2의 지구' 후보를 뽑아 봐! · 24
우주 탐사의 첫 번째 목적지는 '달' · 26

더 알아보기 한눈에 보는 우주 탐사 연대기 · 28   **도전! 퀴즈 왕** · 31
질문 있어요! 우주는 어떻게 만들어졌어요? · 32

2 우주 탐사에는 준비물이 필요해 로켓의 구조와 원리

우주 비행사를 위한 특별한 상상 · 34   우주로 떠날 때 챙겨야 할 준비물 · 38
과거에는 로켓이 무시무시한 무기였다고? · 40
로켓은 어떻게 우주로 날아오르는 걸까? · 42   로켓의 구조가 궁금해 · 44
사람이 머무는 우주 기지 · 46   국제 우주 정거장은 어떤 모습일까? · 48
우주인이 되려면 강철 체력은 필수! · 50

더 알아보기 우주에서 일어나는 놀라운 몸의 변화 · 52   **도전! 퀴즈 왕** · 55
질문 있어요! 우주에 다녀온 한국인이 있다고요? · 56

3 세계는 지금 우주에 푹 빠졌어!
우주를 향한 각국의 불꽃 튀는 경쟁

새로운 우주 시대가 열렸다고? · 58 다시 뜨거워진 달 탐사 대결, 이유는? · 62
지금까지 달 탐사선이 가져온 정보는? · 64 지구형 행성 탐사, 화성에 주목! · 66
목성형 행성 탐사, 지구와 닮은 위성 발견! · 68
우리가 소행성을 탐사하는 이유 · 70 지금은 '뉴 스페이스' 시대 · 72

더 알아보기 인류의 삶을 바꾼 우주 개발 기술 · 74 도전! 퀴즈 왕 · 77
질문 있어요! 사람이 정말로 달에 다녀왔다는 증거가 있나요? · 78

4 우리 로켓 타고 우주에 가 볼까?
대한민국 우주 탐사의 역사

우주 과학관에서 보낸 하루 · 80 우주를 향한 첫걸음, 인공위성 발사! · 84
우리나라 최초의 우주 발사체 '나로호' · 86 우주 강국의 신호탄을 쏜 '누리호' · 88
달 탐사선 '다누리호'의 기나긴 여정 · 90 다누리호는 어떻게 생겼을까? · 92
더 강력하고 거대한 로켓 너의 이름은? · 94

더 알아보기 우리나라 우주 탐사의 미래 · 96 도전! 퀴즈 왕 · 99
질문 있어요! 우리는 언제쯤 우주여행을 할 수 있나요? · 100

5 우주를 향해 나아가는 인류 달과 화성에서 사는 법

지구와 닮은 머나먼 행성을 꿈꾸며 · 102 달에 우주 기지를 세우는 이유 · 106
유인 달 탐사 계획 '아르테미스 프로젝트' · 108 달 정착을 위한 필수품 · 110
달 기지에서 보내는 하루 · 112 달에서 뜰 이색 직업은? · 114
우리가 화성에서 살 수 있을까? · 116 우주에 지구와 다른 문명이 있을까? · 118

더 알아보기 달 기지 마을의 모습을 상상해 봐! · 120 도전! 퀴즈 왕 · 123
질문 있어요! 우주 탐사를 위협하는 요소에는 무엇이 있을까요? · 124

①
인류는 왜 우주에 가려고 할까?

우주 탐사의 목적

최초로 우주로 간 사람은?

어디서부터 어디까지가 우주야?

우주에 가 보고 싶다는 생각, 누구나 한 번쯤은 해 봤을 거야. 오늘날 인류는 우주선 등을 쏘아 올려서 드넓은 우주를 탐사하고 있어. 이걸 **우주 탐사**라고 하지.

그렇다면 과연 어디서부터 어디까지가 우주일까? 우주는 지구를 포함해 달과 별, 태양, 은하 등이 들어 있는 곳이야. 이렇게 우주에 있는 모든 물체를 **천체**라고 부른단다.

우주는 어마어마하게 큰 데다 심지어 점점 넓어지고 있어. 우주의 끝이 어딘지 알 수 없고, 당연히 정확한 크기를 잴 수도 없지. 그래서 과학자들은 우주의 빛을 관측해 그 크기를 계산했어. 이것을 조금 어려운 말로 **관측 가능한 우주**라고 해. 거대한 우주에서 어느 곳을 기준으로 하든, 관측 가능한 우주는 항상 기준점을 중심으로 둥근 모양이 돼.

계산해 보니 관측 가능한 우주의 크기는 반지름이 약 465억 광년이나 되었어. **1광년**은 빛이 초속 30만 킬로미터의 속도로 1년 동안 나아가는 거리를 뜻해. 1광년을 킬로미터로 바꾸면 약 9조 4600억 킬로미터야. 서울에서 부산까지의 거리가 약 428킬로미터이니까, 우주가 얼마나 큰지 실감이 나지?

그런데 우주 탐사에서 말하는 우주의 뜻은 조금 달라. 국제 항공 연맹에서는 지구로부터 100킬로미터 떨어진 곳부터를 우주라고 해. 여기서부터는 공기가 거의 없어서 비행기 대신 로켓을 이용해야 해. 또 여기부터는 인공위성이 떨어지지 않고 지구 둘레를 돌 수 있는 높이야.

관측 가능한 우주

465억 광년

지구

지구를 기준으로 했을 때, 우주는 반지름이 약 465억 광년인 큰 공 모양을 하고 있어.

우리가 관측할 수 있는 우주의 영역이야.

아주 오래전부터 인류와 함께한 우주

옛날 사람들은 늘 하늘을 바라봤어. 매일 뜨고 지는 태양과 달, 별이 곧 시계이자 달력, 나침반이었거든.

인류가 최초로 활용한 자연 시계는 태양이었어. 하지만 태양을 보는 것으로는 정확한 시간을 알 수 없었지. 그래서 고대 이집트에서는 **해시계**를 만들었어. 해시계는 태양의 위치를 이용해 시간을 재는 도구야. 햇빛이 땅에 꽂힌 막대기를 비추면, 그때 생기는 그림자의 길이와 위치가 변하는 것을 보고 시간을 쟀어.

우리 조상들은 1434년 **앙부일구**라는 해시계를 만들었어. 세종 대왕의 지시로 장영실, 이천 등 여러 과학자들이 함께 만들었지. 가마솥 모양의 오목한 시계 판 안쪽에는 시간을 나타내는

세로선과 절기(일 년을 스물넷으로 나누어 계절을 구분한 것)를 나타내는 가로선이 눈금으로 새겨져 있었어. 시계 판에는 뾰족한 막대기가 솟아 있었는데, 그 막대기의 그림자로 시간과 절기를 알 수 있었던 거야.

밤하늘에는 이른바 '별 달력'이 떴어. 계절마다 달라지는 별자리를 보며 때를 가늠해 지금이 씨앗을 뿌릴 때인지, 농작물을 수확해도 되는 때인지 알 수 있었지. 나침반이 나오기 전 사람들은 늘 같은 자리에 있는 별을 보고 방향을 파악했어. 우리나라가 있는 북반구에서는 북극성이 북쪽을, 오스트레일리아가 있는 남반구에서는 남십자성이 남쪽을 알려 주었지. 또 29~30일마다 규칙적으로 바뀌는 달의 모습을 '달 달력' 삼아 날짜를 셈하곤 했어.

항상 북쪽에 있는 북극성을 보면 방향을 알 수 있어!

우주에는 무엇이 있을까?

우주에 무엇이 있는지 한번 떠올려 봐. 먼저 눈부시고 뜨거운 **태양**이 생각날 거야. 태양 주위를 빙빙 도는 둥근 천체인 **행성**도 있지. 행성은 수성, 금성, 지구, 화성, 목성, 토성, 천왕성, 해왕성으로 총 여덟 개가 있어.

밤하늘에 반짝이는 별을 떠올린 친구들도 있겠다! 우리는 흔히 하늘에서 밝게 빛나는 것을 별이라고 부르지만, 천문 용어로는 스스로 빛을 내는 천체를 **항성**이라고 해. 태양 역시 스스로 빛을 내니까 항성이야. 그것도 지구에서 가장 가까운 항성이지.

또 행성 주위를 도는 천체인 **위성**도 있어. 지구 주위를 도는 달이 바로 지구의 유일한 위성이야. 이처럼 태양과 태양의 영향을 받는 천체와 공간을 아울러 **태양계**라고 불러.

태양계는 **우리은하**라고 불리는 별들의 집단에 속한 하나의 행성계야. 우리은하에는 태양계 외에도 여러 다른 행성계가 있지. 우리은하가 우주의 전부냐고? 천만의 말씀! 우주에는 우리은하 같은 은하가 1000억 개 이상 있다고 해. 놀랍지 않니?

행성 사냥꾼, 외계 행성을 찾아라!

태양 둘레를 도는 여덟 개의 행성처럼, 다른 항성 주위에도 여러 행성들이 돌고 있어. 이렇게 태양계 밖에서, 태양이 아닌 다른 항성을 돌고 있는 행성을 가리켜 외계 행성이라고 해.

1992년, 지구로부터 980광년이나 멀리 떨어져 있는 곳에서 외계 행성이 처음 발견됐어. 우주에 태양계가 아닌 다른 행성계와 행성이 있다니! 어쩌면 영화에서처럼 외계 생명체가 살고 있는 행성이 있을지도 몰라.

2009년, 미국 항공 우주국(NASA, 나사)에서는 외계 행성을 찾아내기 위해 케플러 우주 망원경을 우주로 쏘아 올렸어. 케플러 우주 망원경은 우주의 선명한 모습을 사진으로 찍어 보냈지. '행성 사냥꾼'이라는 별명을 얻으며 9년 8개월 동안 항성 53만 506개와 외계 행성 2662개를 찾아냈어. 케플러 우주 망원경이 물러난 뒤 2018년부터는 바통을 이어받아

테스 우주 망원경이 외계 행성을 찾고 있단다.

2024년 4월 기준으로, 과학자들이 찾아낸 외계 행성의 수는 5600개가 훌쩍 넘어. 대부분은 가스나 얼음으로 이루어진 행성들이라 발을 내딛기도, 생명체가 살아가기도 힘들지.

바다나 용암으로 이루어져 있거나, 드물지만 지구처럼 암석으로 된 외계 행성도 있어. 혹시 이 중에 외계 생명체가 살고 있는 행성도 있을까?

우주를 탐사하는 이유

우주는 무지무지 어둡고 고요한 곳이야. 숨 쉴 공기도 없고, 무척 차갑거나 뜨거운 천체들로 가득하지. 우리는 이러한 위험을 무릅쓰고 우주로 나가려고 해. 대체 왜 그럴까?

먼저, 머나먼 우주에 대한 호기심과 경외심 때문이야. '밤하늘에 별은 몇 개나 될까?', '저 중에도 생명체가 사는 곳이 있을까?', '달이나 화성에서도 사람이 살 수 있을까?' 궁금하니까! 우주를 배경으로 하는 공상 과학 영화나 만화가 꾸준히 만들어지는 건, 그만큼 우리가 우주에 관심이 많기 때문일 거야.

하지만 과학자들이 우주 탐사를 하는 이유는 더 현실적이야. 지구에선 구하기 어려운 자원을 더 쉽게 얻을 수 있거든.

스마트폰, 전기차를 만드는 데 쓰이는 희토류는 지구에서는 매우 귀한 물질이지만 달 표면에는 잔뜩 쌓여 있어. 또 달에는 '헬륨3'라는 물질도 100만 톤이나 묻혀 있지. 헬륨3는 1그램만으로도 석탄 40톤과 비슷한 에너지를 만들 수 있는 자원이야.

또한 과학자들은 우주에서 지구가 아닌 새로운 터전을 찾고 있어. 환경 오염과 기후 위기, 자원 고갈, 소행성 충돌 등으로 더 이상 지구에서 살 수 없는 날이 올지도 모르니까. 그때 안전하게 살 수 있는 곳으로 이주하려면 지금부터 우주로 나서야 하겠지?

사람이 살 수 있는 행성의 조건은?

만약 우리가 지구를 떠난다면 어디에서 살 수 있을까? 항성은 너무 뜨거우니까 항성보다는 그 주위를 도는 행성이 좋겠지? 태양처럼 온도와 크기가 적당한 항성, 그리고 그 항성과 적당한 거리만큼 떨어져 있는, 한마디로 '지구 같은 행성' 말이야. 이런 곳을 생명체가 살아가기 적합한 환경이라는 의미로 **생명 가능 지대**라고 해. 다른 말로 '골디락스 존'이라고도 불러.

생명 가능 지대는 지구처럼 너무 춥지도, 덥지도 않아야 해. 그리고 우리가 마실 수 있는 물이 있어야 하지. 또 지구처럼 암석으로 된 행성이어야 해. 가스로 된 행성은 발을 디딜 땅이 없는 데다가, 우리에게 해로운 가스 성분이 있을 수도 있잖아?

지구처럼 크기와 질량이 적당한 행성은 **중력**, 즉 물체를 끌어당기는 힘이 있어서 공기를 붙잡을 수 있어. 지구 표면을 공기가 둘러싸고 있으니 낮과 밤에도 기온 차가 크지 않지. 또 우주에서 쏟아지는 우주 방사선과 자외선을 그대로 맞으면 위험한데, 공기가 이를 막아 주는 역할도 해. 여기에 산소가 풍부하고 압력이 적당하다면 숨 쉬기도 좋겠지?

　현재까지 이 모든 조건을 갖춘 행성은 지구뿐이야. 그래서 과학자들은 지구와 어느 정도 비슷한 환경을 갖춘 행성을 찾고 있어. 만약 산소는 없지만 물이 있는 행성이라면 물을 전기로 분해해 산소를 얻는 거야. 지구처럼 생명체가 살기 딱 좋은 행성을 찾기 어려우니 보완하며 살 방법도 알아보는 거야.

'제2의 지구' 후보를 뽑아 봐!

지구와 비슷한 환경을 가진 곳, '제2의 지구'는 어디일까?

첫 번째 후보는 지구의 하나뿐인 위성인 '달'이야. 과거에는 달에 물도 산소도 없다고 생각했지만, 최근 과학자들은 달 표면에서 극소량의 물과 산소를 찾아냈어. 문제는 대기가 없다는 점이야. 지구는 대기로 둘러싸여 있어서 우주에서 날아오는 유해 입자들을 막아 주잖아? 그런데 달은 대기가 없으니까 우주에서 날아오는 운석이나 우주 방사선을 그대로 맞게 돼.

자, 두 번째 후보를 볼까? '화성'은 지구와 가깝고 크기도 비슷한 데다가, 지구처럼 암석으로 이루어진 행성이야. 화성은 극지방에 얼음이 있고, 밤낮의 길이나 계절의 변화가 있다는 점이 지구와 비슷해. 그런데 물이

액체 상태로 있기 어려울 정도로 춥고, 대기도 거의 없어서 화성에 생명체가 살기는 힘들어.

세 번째 후보는 토성의 위성인 '타이탄'이야. 타이탄에는 짙은 대기층이 있고, 탄화수소로 가득한 강과 호수가 있어. 또 비와 눈이 내리기 때문에 지구와 비슷한 지형적 특징을 가지고 있지. 탄화수소를 연료로 쓸 수 있을 테니 연료 걱정은 없을 거야! 하지만 타이탄은 태양과의 거리가 지구보다 10배나 멀어서 영하 178도에 이를 만큼 무척이나 추워. 지구처럼 생명체가 살기 좋은 환경은 아니란 거지.

이 중에 우리가 살 수 있는 '제2의 지구'가 있을까? 또 다른 후보가 나타날까? 우주가 가져다줄 놀라운 소식을 기대해 보자!

우주 탐사의 첫 번째 목적지는 '달'

현재 세계 각국이 앞다투어 탐사를 시작한 곳은 바로 달이야. 달은 지구에서 가장 가까운 천체이면서 알아낸 정보가 가장 많은 곳이지. 이미 인류가 여섯 번이나 가 본 곳이기도 해.

달의 반지름은 약 1740킬로미터야. 지구의 약 4분의 1 정도로 작아서 중력도 약해. 중력이 약하면 공기를 붙잡아 두는 힘이 약하니까 달에는 대기가 거의 없어.

대기가 없다는 점 때문에 달의 여러 가지 특징이 생겼어. 지구의 대기는 뜨거운 햇볕을 막아 주고, 낮 동안 따뜻해진 기운을 밤까지 머금고 있어. 하지만 달에는 대기가 없어서 낮엔 약 127도까지 뜨거워지고, 밤에는 약 영하 183도까지 차가워져.

또 대기는 우주에서 날아오는 운석을 막아 주는 역할도 해. 달에는 대기가 없으니 운석과 그대로 충돌하지. 그래서 달 표면에는 운석과 부딪히면서 생긴 구덩이가 수없이 많이 있단다.

2017년, 세계의 과학자들은 달에 사람을 보내기 위한 **아르테미스 프로젝트**를 시작했어. 달에 기지를 세우고, 자원을 채굴하

는 등 달에 사람이 살 수 있는 방법을 찾으려는 거야.

아르테미스 프로젝트가 성공한다면 다음에는 화성과 금성으로 사람이 직접 유인 탐사를 떠날 계획이야. 그리고 태양계의 다른 행성으로 점점 우주 탐사의 범위를 넓혀 가겠지!

더 알아보기

한눈에 보는 우주 탐사 연대기

우주를 향한 인류의 도전

인류가 본격적으로 우주 탐사의 신호탄을 쏘아 올린 건 1950년대부터야. 우주 탐사를 향한 인류의 뜨거운 도전을 한눈에 쏙쏙 살펴보자.

1950년대

1957년 10월 4일, 소련(현재의 러시아와 그 주변국)이 세계 최초의 인공위성 '스푸트니크 1호'를 쏘아 올렸어. 이후 소련과 미국 간 치열한 우주 경쟁이 시작됐지.

1960년대

1969년 7월 21일, 미국의 우주선 '아폴로 11호'가 달 착륙에 성공했어. 달 표면에 처음으로 발자국을 남긴 사람은 아폴로 11호의 사령관이었던 닐 암스트롱이야.

1990년대

1990년 4월 24일, 미국 항공 우주국은 '허블 우주 망원경'을 쏘아 올렸어. 그것으로 우주를 촬영하고, 블랙홀을 관측하고, 우주의 나이가 137억 년이라는 걸 밝혀냈어.

2000년대

2004년, 미국 항공 우주국은 화성 탐사를 위해 쌍둥이 화성 탐사 로봇을 보냈어. 1월 3일 '스피릿'이 화성 표면에 안착한 데 이어, 24일 '오퍼튜니티'가 화성에 착륙했어.

1970년대

달 착륙 경쟁에서 밀린 소련은 우주 정거장으로 눈길을 돌렸어. 소련은 1971년 4월 19일, 세계 최초의 우주 정거장 '살류트 1호'를 시작으로 1982년 7호까지 띄웠단다.

1980년대

미국은 일회용이 아닌, 우주로 갔다가 다시 돌아오는 왕복선을 만들었어. 1981년 4월 12일, 최초의 우주 왕복선 '컬럼비아호'가 지구 궤도(천체가 운동하는 길)를 돌고 무사히 돌아왔지.

2010년대

한동안 우주 탐사에 대한 열기가 시들하다가 2010년 이후 다시 열풍이 불었어. 미국과 유럽뿐 아니라 한국, 중국, 일본, 인도 등 세계 여러 나라가 우주 탐사에 뛰어들었지.

2020년대

달에 사람이 살 수 있는 기지를 만들기 위한 '아르테미스 프로젝트'가 본격화됐어. 미국 항공 우주국의 주도로, 우리나라를 비롯한 36개국이 참여 중이야(2024년 4월 기준).

천체를 관측할 수 있는 곳을 소개할게

대도시에 살고 있는 친구들은 밤하늘을 올려다보아도 별이 잘 보이지 않지? 하나둘 보이는 별이 항성인지 행성인지 궁금하지 않았니? 너희가 직접 천체를 관측하고 우주를 탐사하는 기분을 느낄 수 있는 곳을 몇 군데 소개해 줄게.

나로 우주 센터 우주 과학관

전라남도 고흥군에 있는 '나로 우주 센터 우주 과학관'은 로켓, 인공위성, 우주 탐사 등을 테마로 한 전시물이 있어. 우주 과학과 관련된 교육 및 체험 학습이 가능해.

국립 청소년 우주 센터

전라남도 고흥군에 있는 '국립 청소년 우주 센터'는 우리나라 최초의 우주 테마 체험 시설이야. 로켓 발사장, 우주인 마을, 천체 투영관 등의 시설을 갖추고 있어.

국립 과천 과학관

경기도 과천시에 있는 '국립 과천 과학관'에는 커다란 돔 스크린이 있어. 선명한 밤하늘을 그대로 재현한 돔 스크린으로 실제 별을 보는 듯한 기분을 느낄 수 있지.

중미산 천문대

경기도 양평군에는 어린이를 위한 천문 우주 과학 체험 학습 기관인 '중미산 천문대'가 있어. 중미산 중턱에 있는 이곳에서는 서울 근교에서 가장 많은 별을 볼 수 있어.

⭐ 도전! 퀴즈 왕

1. 아래 글을 읽고 괄호 안의 단어 중 맞는 것에 동그라미 치세요.

> 우주에는 뜨거운 태양과 태양 주위를 빙빙 도는 여덟 개의 둥근 천체인 (항성, **행성**)이 있어요. 태양과 태양의 영향을 받는 천체와 공간을 아울러 (**태양계**, 우리은하)라고 해요.

2. 우주에 대한 설명으로 틀린 것을 고르세요.

① 우주는 어마어마하게 큰 데다 점점 넓어지고 있어요.
② 과학자들은 우주의 빛을 관측하여 우주의 크기를 계산했어요.
③ 관측 가능한 우주의 크기는 반지름이 약 465억 광년이게요.
④ 태양계 밖에는 항성도, 행성도 없는 어둠뿐이에요.
⑤ 지구에서 가장 가까운 천체는 달이에요.

3. 다음 설명과 자음 힌트를 보고 정답을 맞혀 보세요.

- 1434년, 세종 대왕의 지시로 장영실, 이천 등 여러 과학자들은 ㅇㅂㅇㄱ라는 해시계를 만들었어요.

정답: 1. 행성, 태양계 2. ④ 3. 앙부일구

질문 있어요!

 **우주는 어떻게 만들어졌어요?**

대부분의 과학자들은 우주의 역사를 약 137억 년 정도로 봐. 137억 년 전, 단 하나의 점에서 '빅뱅'이라는 거대한 폭발이 일어나 점점 팽창하면서 지금의 우주가 됐다는 거지. 100년 전만 해도 빅뱅 이론은 과학자들의 외면을 받았지만, 지금까지 우주가 대폭발로 생겨났다는 근거가 여럿 밝혀졌어.

빅뱅 이론의 근거 중 하나는 은하들이 점점 멀어지고 있다는 사실이야. 지금도 우주가 팽창하면서 점점 넓어지고 있다는 뜻이거든. 1929년 미국의 천문학자 허블은 여러 은하를 관측하다가, 은하들이 거리가 멀수록 더 빠르게 멀어진다는 사실을 알게 됐어. 우주가 팽창한다는 걸 확인한 거지.

또 우주의 어느 곳이든 온도가 비슷하다는 것도 빅뱅 이론을 뒷받침하는 증거야. 대폭발이 일어났을 때 퍼져 나간 뜨거운 빛이 우주를 가득 채우고 있다는 것이니까. 하지만 우리는 여전히 우주에 대해 모르는 게 많아. 빅뱅이 일어나기 전의 우주는 어떤 모습이었는지, 시간이 흘러 우주는 어떻게 될지 등에 대한 답을 찾고 있어.

② 우주 탐사에는 준비물이 필요해

로켓의 구조와 원리

우주 비행사를 위한 특별한 상상

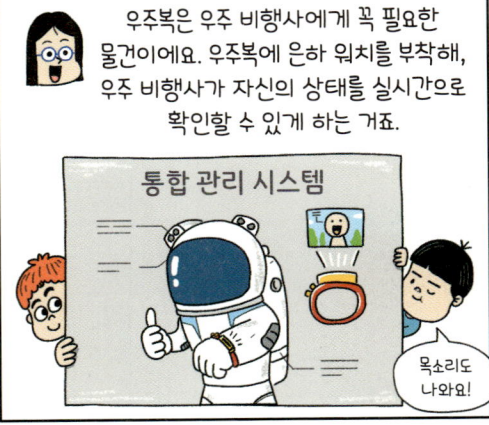

우주로 떠날 때 챙겨야 할 준비물

　여행을 갈 때 짐 가방을 싸는 것처럼, 우주로 떠날 때에도 꼭 챙겨 가야 할 필수품이 있어. 먼저 우주 비행사의 몸을 보호하면서 자유롭게 우주를 날아다닐 수 있도록 만든 **우주복**은 필수야. 우주복은 내부의 온도와 압력을 일정하게 유지하고 산소를 공급해 줘. 또 우주 방사선이나 크고 작은 운석들이 몸에 부딪히지 않도록 막아 주기도 하지.

　우주에서 먹을 음식도 챙겨야겠지? 우리가 먹는 많은 음식에는 맨눈으로는 볼 수 없는 아주 작은 미생물이 들어 있어. 지구에선 문제가 없지만, 우주에서는 미생물들이 어떻게 변할지 모르기 때문에 멸균 처리를 해야 해. 또 음식의 국물이 떠다니지 않도록 물기를 쫙 빼서 건조한 상태로 만들어야 하지. 이렇게 우주에서 먹을 수 있도록 만든 식품을 **우주 식품**이라고 해.

　별과 은하, 성단 등을 자세히 보려면 우주 망원경도 챙기는 게 좋겠다! **우주 망원경**으로는 천체들을 좀 더 또렷하게 볼 수 있고, 지구와 얼마나 닮았는지까지 알 수 있거든.

이제 우리를 우주로 데려다줄 로켓 준비가 남았어. 로켓은 우주선을 쏘아 올리는 데 사용되는 장치야. 연료를 태울 때 뿜어져 나오는 기체의 힘으로 솟아오르지. 비행기 엔진은 공기가 없는 우주에서는 사용할 수 없기 때문에 우주로 가기 위해서는 로켓이 꼭 필요해.

과거에는 로켓이 무시무시한 무기였다고?

오늘날 로켓은 인공위성이나 탐사선 등을 쏘아 올릴 때 사용해. 이런 로켓이 처음에는 무시무시한 무기에서 시작되었다는 거, 알고 있니?

최초의 로켓은 1232년 중국에서 만든 '비화창'이야. '불을 뿜으며 날아가는 창'이라는 뜻이지. 창의 앞부분에 화약통을 넣고 태우면, 통 속 화약이 타면서 가스를 뿜어내며 그 힘으로 앞으로 날아갔어. 비화창이 떨어진 곳은 불바다가 될 정도로 그 위력이 대단했다고 해.

1448년 우리 조상들도 이와 비슷한 로켓 '신기전'을 만들었어. 화약통을 로켓에 해당하는 기다란 막대기에 연결해 쏘아 올리면, 먼 곳까지 날아가 불을 뿜고 쇳조각을 뿌렸지. 심지어 로켓을 두 개 붙인 '산화신기전'은 세계 최초의 2단 로켓이었어.

지구를 벗어나 우주로 가는 로켓을 떠올린 사람은 소련의 항공 기술자인 콘스탄틴 치올콥스키야. 액체 연료를 사용한 현대식 로켓을 구상하며 우주 여행의 가능성을 제시했단다.

1940~1950년대에 초강대국이었던 미국과 소련은 새로운 미사일을 만들기 위한 경쟁을 벌였어. 그러다가 로켓 기술이 점점 더 발전하게 된 거야!

로켓은 어떻게 우주로 날아오르는 걸까?

엄청난 굉음, 뜨거운 불꽃, 뭉게뭉게 피어오르는 연기……. 로켓이 하늘로 올라가는 모습을 보면 누구든 입이 떡 벌어질 거야. 그런데 어마어마하게 커다랗고 무거운 로켓이 어떻게 우주까지 날아갈 수 있는 걸까?

공을 머리 위로 힘껏 던져 봐. 아주 높이 올랐다가도 결국은 다시 땅으로 떨어질 거야. 그건 땅과 공 사이에 작용하는 중력 때문이야. 지구와 같은 천체가 물체를 끌어당기는 힘을 **중력**이라고 해. 지구의 중력은 사람과 동물, 나무, 집, 심지어 달까지도 끌어당기고 있어. 우리가 지구 밖으로 튕겨 나가지 않고 땅을 밟고 서 있을 수 있는 것도 모두 이 중력 덕분이지. 그러니까 우주로 나가려면 중력을 이겨 내야 할 거야.

그렇다면 로켓은 어떻게 중력을 이길까? 그 비결은 로켓의 꽁무니에서 뿜어져 나오는 힘에 있어.

중력을 이겨 내다니, 대단한걸!

로켓은 연료와 산소를 함께 싣고 가면서 계속 폭발을 일으켜. 연료가 산소를 만나 격렬하게 타면, 뜨겁고 압력이 높은 기체가 뿜어져 나오지. 로켓은 이 힘으로 하늘로 솟구쳐 올라 지구의 중력을 벗어날 수 있는 거야!

이처럼 연료를 연소하면서 아주 뜨겁고 강한 기체를 아래로 뿜어, 그 반동에 의해 물체를 발사시키는 힘을 **추력**이라고 한단다.

슈우웅

으하하, 이 몸은 엔진에서 뿜어져 나오는 힘 덕분에 하늘로 솟구쳐 올라!

로켓의 구조가 궁금해

로켓은 끝이 뾰족하고 길쭉한 게, 잘 깎아 놓은 연필 한 자루처럼 생겼어. 하지만 사실 로켓은 여러 단으로 이루어져서 필요한 장치들을 단마다 싣고 있단다. 이렇게 단을 나누는 이유는 연료를 다 쓴 아랫단부터 쉽게 떼어 내어 버리기 위해서야. 무거운 짐을 버리면 더 가볍고 빠르게 날 수 있잖아?

예를 들어 우리나라가 쏘아 올린 '누리호'는 3단형 우주 발사체야. 가장 아래에 1단 로켓, 그 위에 2단 로켓, 꼭대기에 3단 로켓이 붙어 있지. 각 로켓에는 로켓 엔진과 엔진에 불을 붙여 추력을 내는 연료와 산화제가 들어 있어. 3단에는 인공위성이나 우주선 등 우주로 보낼 물체를 싣는단다.

로켓은 먼저 1단 로켓 엔진에 불을 붙이면서 떠올라. 그러다 1단 로켓의 연료를 전부 사용하면 이를 분리해 바다로 떨어뜨려. 이어서 2단 로켓 엔진을 점화하며 오르다가, 연료를 다 써버리면 또다시 바다로 떨어뜨리지. 결국 맨 위에 있는 3단 로켓 부분만 남아 인공위성이나 우주선을 우주로 보내는 거야.

우주 비행사의 안전을 걱정하는 친구들도 있겠다. 사람이 타는 유인 우주선에는 우주 비행사가 지구로 돌아올 수 있는 '귀환선'이 있어. 우주 비행사를 태운 귀환선은 대기를 타고 천천히 내려오다가, 땅이 가까워지면 커다란 낙하산을 펴고 착륙하는 거야!

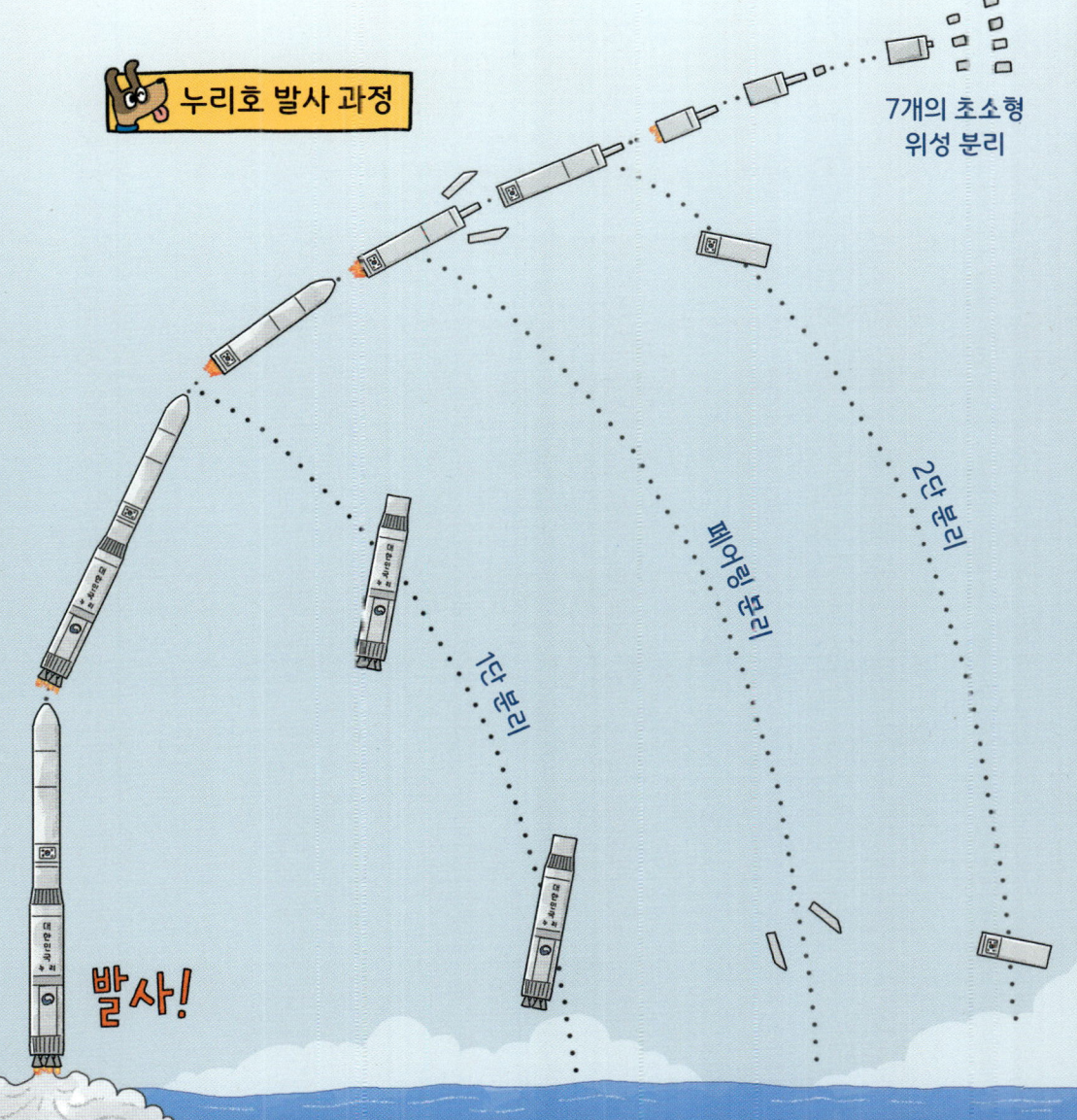

누리호 발사 과정

사람이 머무는 우주 기지

지금까지 쏘아 올렸던 로켓은 대부분 일회용이었어. 하지만 본격적인 우주 탐사에 나서려면 일회용 로켓을 계속 쏘는 것만으로는 부족했어. 사람이 오랫동안 머물 수 있는 우주 기지가 필요했지. 그래서 과학자들은 우주 정거장을 지었어!

우주 정거장은 지구 궤도를 돌고 있는 거대한 유인 인공위성이야. 우주 비행사들은 이곳에 장기간 머물면서 지구와 달을 관측하고, 우주선에 연료를 넣거나 수리할 수 있어. 또 우주 정거장처럼 중력이 거의 느껴지지 않는 '미세 중력' 상태가 우리 몸에 미치는 영향이나, 우주와 지구에서의 수면 등을 비교 연구해. 이런 건 중력이 있는 지구에서는 하기 어려운 실험이거든.

세계 최초 우주 정거장은 1971년 소련이 발사한 '살류트'야. 2년 뒤에는 미국도 '스카이랩'을 쏘아 올렸어. 그리고 1986년에는 소련이 살류트를 발사했던 노하우를 살려 '미르'를 띄웠지.

이 우주 정거장들은 그야말로 거대한 우주 실험실이었어. 이들은 모두 수년 후 폐기되어 아쉽지만 지금은 볼 수 없단다.

오늘날 우주 정거장은 두 곳이야. 미국, 러시아, 유럽 등 여러 국가가 함께 만든 '국제 우주 정거장'과 중국이 만든 '톈궁'이지. 톈궁은 사람이 우주에서 살아갈 수 있는지를 알아보기 위해, 사람과 닮은 점이 많은 원숭이로 번식 실험을 할 예정이래.

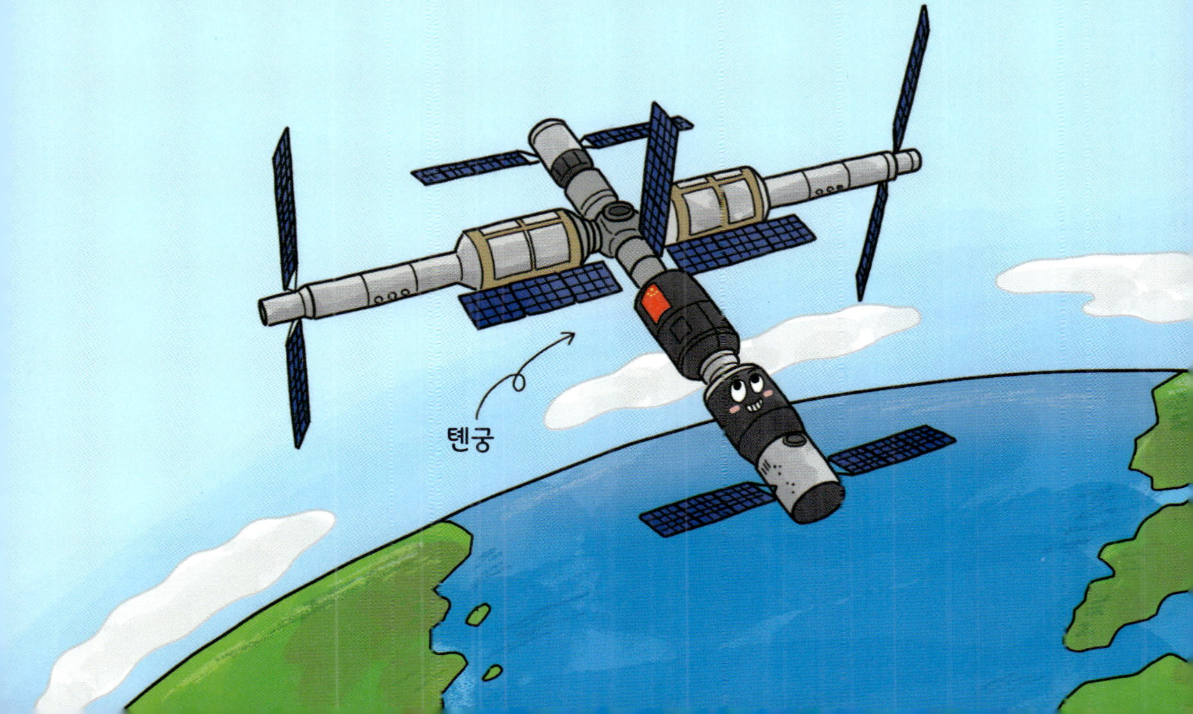

국제 우주 정거장은 어떤 모습일까?

  국제 우주 정거장은 1998년부터 2010년까지 미국과 러시아, 영국, 프랑스, 일본, 독일, 캐나다 등 여러 국가가 힘을 합쳐 만들었어. 국제 우주 정거장은 지금까지 인간이 우주에 지은 건축물 중 가장 거대해. 전체 길이 약 108.5미터, 최대 폭 73미터로 월드컵 축구 경기장과 비슷한 크기야. 무게는 약 344톤이나 나가는데, 이는 비행기 2~3대와 맞먹는 정도이지.

국제 우주 정거장은 1초당 약 7.6킬로미터의 빠른 속도로 지구 궤도를 돌고 있어. 이 속도면 지구를 한 바퀴 도는 데 약 1시간 30분밖에 안 걸려. 국제 우주 정거장에 머물고 있는 우주 비행사들은 하루에 지구를 16바퀴 돌면서, 해가 뜨고 지는 것을 각각 16번이나 보는 셈이지.

> 잘 때는 침낭을 벨트로 꽉 묶어야 해.

또 국제 우주 정거장에서는 마치 중력이 없는 것처럼 느껴져. 그건 지구와 국제 우주 정거장 사이에 있는 힘이 균형을 이루고 있기 때문이야. 지구는 중력으로 국제 우주 정거장을 끌어당겨. 국제 우주 정거장은 지구를 빠르게 돌며 지구의 반대 방향으로 나아가지. 이 두 가지 힘의 크기가 같기 때문에 이곳에서는 중력이 없는 듯 둥둥 떠다니게 되는 거야!

> 응가하고 있잖아. 문 좀 닫아 줄래?

> 운동 기구에도 고정 장치가 달려 있어.

우주인이 되려면 강철 체력은 필수!

우주는 우리가 살고 있는 지구와는 많이 달라. 그래서 우주 비행사는 악조건에서도 적응할 수 있는 능력을 갖춰야 해.

우주 비행사는 우선 몸과 마음이 건강하고 체력이 좋아야 해. 로켓이 발사하는 순간에 느껴지는 가속도나 우주의 무중력, 지상에서는 느껴 보지 못한 엄청난 흔들림을 견뎌 내야 하니까. 또한 우주에서 맞닥뜨리는 위기 상황에 슬기롭게 대처할 수 있으려면, 용기 있고 결단력 있는 사람이면 더욱 좋겠지?

우주 비행사는 우주에 대한 지식도 풍부해야 해. 우주에서 다양한 실험과 임무를 해내려면 천문학이나 항공 우주뿐 아니라 물리, 화학, 기계, 전기 등 다른 여러 분야의 과학 및 공학, 수학을 공부한 사람도 필요하지. 다양한 지식을 가진 전문가들이 힘을 합쳐 여러 가지 연구를 해야 하거든. 이때 외국의 우주 비행사들과 소통하려면 영어도 잘해야겠지?

우주선 조종사나 우주 정거장의 엔지니어가 되려면 전문 기술이 있어야 하고, 3년 이상 일한 경험도 필요해. 특히 우주선

조종사는 1000시간 이상의 비행시간은 필수로 갖춰야 한단다.

우주 비행사가 될 수 있는 조건이 무척 까다롭다고? 아무나 할 수 없는 일인 만큼 중요한 역할을 하게 될 거야. 자, 우주 비행사에 도전하고 싶은 사람, 손!

더 알아보기

우주에서 일어나는 놀라운 몸의 변화

우리 몸은 지구에서 살기에 알맞게 이루어져 있어. 공기 압력과 지구 중력에 맞추어 뼈와 근육이 발달했거든. 아무리 우주복을 입고 있을지라도, 우주는 지구와 매우 다른 환경이기 때문에 우리의 몸은 여러 변화를 겪을 수 있어. 우리가 우주로 간다면 몸에 어떤 변화가 일어날까?

운동 감각이 무뎌져

귀의 가장 안쪽 부분에는 우리가 방향과 위치를 느끼고 균형을 잡을 수 있게 하는 '전정 기관'이 있어. 그런데 우주에서는 이 기관의 작용이 무뎌져. 우주에는 중력이 거의 없으니까 지구 중력에 적응한 우리 몸이 혼란을 일으키거든. 그래서 우주에서는 자동차 멀미처럼 두통과 어지러움, 메스꺼움을 느낄 수 있어. 이걸 '우주 멀미'라고 하지. 우주 멀미는 우주 비행사의 절반 정도가 처음 며칠 동안 경험하는 흔한 증상이라고 해.

우주선에서 시작된 멀미 증상은 우주 정거장에 도착해도 금세 사라지지 않아. 우주 멀미는 3~5일 정도 계속되다가 서서히 회복된다고 해.

우주 비행사 후보들이 훈련을 하는 모습이야. 무중력 상태와 비슷한 상황을 만들어서, 여기에 적응하는 훈련도 필수적으로 받아야 해.

얼굴이 붓고 허리와 다리가 가늘어져

몸속 기관들도 중력이 없는 우주 환경에 영향을 받게 돼. 지구에서는 아래로 잡아당기는 중력 때문에 머리보다는 다리 쪽으로 혈액이 몰려. 하지만 우주에서는 혈액이 온몸에 비슷하게 퍼져서, 지구에 있을 때보다 머리와 가슴 쪽 혈압이 더 높아지게 되지. 그래서 얼굴과 목이 붓고, 허리와 다리가 가늘어지는 거야. 또 지구에서처럼 혈액 순환이 잘되지 않기 때문에 심장에 부담을 준다고 해.

피부의 노화 속도가 빨라져

우주에서는 얼굴이 팽팽해져서 좋겠다고? 사실 우주에서는 피부의 노화 속도가 지구보다 빨라져. 햇빛에 들어 있는 자외선이 피부를 늙게 하는데, 지구에서는 대기가 이 자외선을 대부분 막아 줘. 하지만 우주에는 대기가 없잖아? 지구에서보다 자외선을 많이 맞을 수밖에 없어. 우주선이 자외선을 제대로 차단하지 않는다면 얼굴에 잡티와 기미는 물론, 여러 가지 피부병이 생길지도 몰라.

뼈와 근육이 약해져

우리 몸은 지구 중력에 버티기 위해 뼈와 근육이 발달해 있어. 그런데 중력이 없는 우주에서는 그럴 필요가 없으니 온몸의 뼈와 근육이 약해지게 돼. 뼈를 지탱하던 칼슘이 빠져나가고, 척추와 척추 사이가 벌어져 키가 5센티미터 정도 커지기도 하지. 그래서 우주 비행사들은 근육 손실을 막기 위해 매일 특수 장비로 운동한다고 해.

우주에 머무는 동안 뼈와 근육이 손실되면 건강에 치명적인 영향을 줄 수 있어. 그래서 우주에서도 운동은 필수란다!

밤이 너무 짧아 잠을 잘 수가 없어

국제 우주 정거장은 지구를 하루에 16바퀴씩 돈다고 했지? 이 말은 해가 16번씩 떴다 진다는 얘기야. 해가 떴다가 지고 다시 뜨는 데 한 시간 반밖에 안 걸리지. 지구에서는 낮과 밤이 일정하게 반복돼. 우리 몸에는 생체 시계가 있어서 밤낮에 따라 체온이나 혈압, 수면을 조절해. 하지만 우주에서는 밤낮이 자주 반복되어 생체 리듬이 깨져서 깊은 잠에 들기가 힘들어. 지금이 낮인지 밤인지 헷갈리니까 말이야.

★ 도전! 퀴즈 왕

1. 로켓에 대한 설명을 잘 읽고 맞으면 O, 틀리면 X 표시 하세요.

- 1940~1950년대에 미국과 소련이 새로운 미사일을 만들기 위한 경쟁을 벌이다가 로켓 기술이 발전했어요. (   )
- 우주로 가기 위해서는 로켓 혹은 비행기가 필요해요. 로켓은 비용이 비싸서 주로 비행기를 이용하지요. (   )
- 로켓이 여러 단으로 이루어져 있는 건, 연료를 다 쓴 아랫단부터 쉽게 떼어 내어 버리기 위해서예요. (   )
- 로켓은 연료를 태울 때 뿜어져 나오는 기체의 힘으로 하늘 높이 솟아올라요. (   )

2. 아래 상자에 쓰인 글을 읽고 무엇을 설명하는지 쓰세요.

> 지구 궤도를 돌고 있는 거대한 유인 인공위성이에요. 우주 비행사들은 이곳에 장기간 머물면서 지구와 달을 관측하고, 우주선을 수리하고, 다양한 연구와 실험을 하지요. 현재 '국제 우주 정거장'과 '톈궁' 두 곳이 운영되고 있어요.

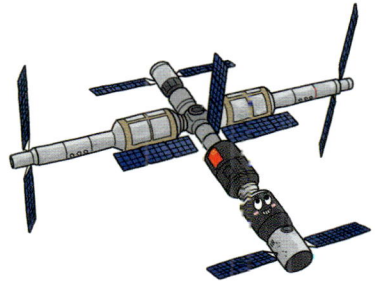

정답: 1. O, X, O, O 2. 우주 정거장

질문 있어요!

우주에 다녀온 한국인이 있다고요?

장차 우주 비행사가 되고 싶은 친구들이라면 주목! 우주 비행사는 미국인이나 러시아인이 많아. 미국과 러시아가 유인 우주선을 많이 쏘기 때문이야. 그런데 한국인 중에서도 국제 우주 정거장에 다녀온 사람이 있어. 바로 이소연 박사야.

이소연 박사는 2006년 우주 비행사가 되려고 모인 3만 6000여 명의 사람들 중에서 당당히 선발됐어. 우주 탐사에 대한 지식과 의지는 물론, 건강한 체력과 위기에 대처할 수 있는 순발력, 다른 사람들과 협업할 수 있는 영어 실력, 당당하고 긍정적인 성격이 좋은 점수를 받았지.

이소연 박사는 약 15개월간 무중력 적응 훈련, 생존 훈련, 과학 임무 훈련 등을 받았어. 그리고 2008년 4월 로켓 '소유즈호'를 타고 국제 우주 정거장으로 올라갔지. 약 열흘 동안 초파리와 식물 씨앗이 무중력에서 어떻게 자라는지 관찰하는 등 18가지 과학 실험을 했다고 해.

③ 세계는 지금 우주에 푹 빠졌어!

우주를 향한 각국의 불꽃 튀는 경쟁

새로운 우주 시대가 열렸다고?

다시 뜨거워진 달 탐사 대결, 이유는?

인류가 우주 탐사를 시작할 때 가장 먼저 도전한 곳은 달이었어. 달 탐사는 20세기 중후반, 미국과 소련이 경쟁하는 과정에서 활발히 이루어졌지. 두 나라는 무기 경쟁을 넘어 우주를 탐사하기 위한 기술 개발에 불꽃 튀는 경쟁을 벌였어.

초기엔 소련이 앞섰어. 1957년 '스푸트니크 1호'라는 최초의 인공위성을 쏘아 올린 데 이어, 1959년 '루나 1호'라는 탐사선을 쏘아 세계 최초로 달에 근접하는 비행에 성공했거든. 탐사선이 뭐냐고? **탐사선**이란 지구에서 관측하기 어려운 행성, 위성, 태양 등을 탐사하기 위해 우주로 쏘아 올린 비행 물체를 말해.

이어서 소련은 달의 뒷면을 촬영하고, 달에 탐사선을 착륙시키는 등 달 탐사를 주도했어. 하지만 모두 알다시피 달에 먼저 사람을 보낸 것은 미국이었어. 수많은 실패를 거듭한 끝에 1969년, 3명의 우주인을 태운 '아폴로 11호'를 달에 보냈지.

오늘날 세계는 과거와는 사뭇 다른 달 탐사 경쟁을 벌이고 있어. 달을 아직 개발되지 않는 무한한 잠재력을 가진 곳으로 보고, 달 탐사를 통해 우주 개발 주도권을 가지려는 거야. 달에 묻혀 있는 풍부한 자원을 이용할 수 있고, 다른 행성을 탐사하러 갈 때 들르는 곳으로 달을 활용하려는 거지.

　현재까지 무인 달 착륙에 성공한 국가는 미국과 소련, 중국, 인도, 일본뿐이야. 2024년 1월 일본의 무인 달 착륙선 '슬림'이 달에 도착했어. 태양 전지 문제로 원활한 탐사는 어렵게 됐지만, 일본은 역대 다섯 번째로 달에 착륙한 국가가 됐지. 앞으로 달을 향한 각국의 경쟁은 더욱 치열해질 거야!

지금까지 달 탐사선이 가져온 정보는?

2000년대 전후로 중국, 일본, 인도 등이 달 탐사 경쟁에 뛰어들었어. 탐사선을 보내 달의 지형과 암석 등을 조사했지.

잠깐! 탐사선, 우주선, 인공위성……. 비슷해 보이는데 무슨 차이가 있는 건지 헷갈린다고? 우주를 비행하는 모든 인공 장치들을 통틀어 **우주선**이라고 해. 우주선은 임무와 형태에 따라 종류가 나뉘는데 탐사선, 인공위성, 우주 왕복선 등은 모두 우주선의 한 종류야. 엄밀히 말하자면 로켓은 우주선에 포함되지 않아. 로켓은 우주선을 우주로 쏘아 올리는 발사 장치거든.

탐사선에는 여러 종류가 있어. 천체의 궤도를 도는 **궤도선**, 천체의 판판한 곳에 내려 임무를 수행하는 **착륙선**, 착륙 후 천체를 돌아다니며 탐사하는 **로버** 등이 있지.

2007년, 일본의 첫 달 탐사선 '셀레네(가구야)'는 달 전체를 선명한 비디오 영상으로 촬영했어. 같은 해 중국도 첫 달 탐사선 '창어 1호'를 보내 달 표면을 사진으로 찍었어. 그 덕분에 달에 헬륨3가 잔뜩 묻혀 있다는 사실을 알아냈지. 이어서 2019년

'창어 4호'는 세계 최초로 달의 뒷면에 착륙했고, 2020년 '창어 5호'는 달의 암석과 흙을 지구로 가져오는 데 성공했어.

2008년 인도의 '찬드라얀 1호'는 처음으로 달 궤도에서 물과 얼음이 있다는 걸 확인했어. 최초로 달의 남극에 착륙한 '찬드라얀 3호'는 지금도 달의 남극을 돌고 있지. 앞으로 탐사선들이 또 어떤 놀라운 달의 비밀을 밝혀내게 될까?

지구형 행성 탐사, 화성에 주목!

태양계 행성 중 태양 가까이에 있는 수성, 금성, 지구, 화성을 **지구형 행성**이라고 해. 질량(물체가 가지고 있는 물체 고유의 양)과 반지름이 작고, 표면이 단단한 암석으로 되어 있어.

달 탐사에 성공한 뒤 과학자들은 행성 탐사로 눈길을 돌렸어. 지구형 행성 중 가장 주목받는 곳은 화성이야. 화성은 지구 다음으로 태양과 적당히 먼 데다가, 생명체가 있을지도 모른다는 기대가 큰 곳이거든. 화성에 사람이 직접 다녀온 적은 없지만, 여러 탐사선이 화성의 암석이나 대기의 성분, 물의 존재 등을 조사하고 있지.

화성 탐사 로버 '퍼서비어런스'는 지구의 사막과 비슷한 화성의 표면을 촬영하고, 화성에 부는 바람 소리를 녹음해 보냈어. 또 아주 오래전에 화성에 물이 흘렀던 흔적도 찾아냈지. 퍼서비어런스는 지금도 화성을 돌며 생명체의 흔적을 찾고 있단다.

반면 수성은 태양에서 가장 가까운 행성이라서 영향도 가장 크게 받아. 탐사선이 궤도를 따라 계속 도는 것도, 기기가 오랜 시간 작동하는 것도 어려워. 지금까지 수성 탐사에 성공한 건 딱 두 번뿐이야. 금성 역시 탐사 환경이 매우 열악해. 금성의 표면 온도는 약 470도로 태양계 행성 중 가장 높거든. 열에 강한 로버라고 해도 견디기가 어려워서, 과학자들은 금성에 내리지 않고 하늘을 날아다니는 금성 탐사 드론을 보낼 계획이라고 해.

난 미국의 과학자들이 만들고 있는 금성 탐사 드론 '브리즈'야. 훗날 내 활약을 기대해 줘!

목성형 행성 탐사, 지구와 닮은 위성 발견!

태양과 멀찍이 떨어져 있는 행성들, 그러니까 목성과 토성, 천왕성, 해왕성은 **목성형 행성**이라고 불러. 지구형 행성보다 질량과 반지름이 크고, 기체로 이루어져 있어.

목성형 행성 탐사는 특히 까다로워. 그 먼 데까지 탐사선을 보내는 것도 어렵지. 암석으로 된 지구형 행성과 달리 목성형 행성은 기체로 되어 있어 착륙선이 내리기도 힘들거든.

그렇다고 해서 성과가 없었던 건 아니야. 목성과 토성에는 '파이오니어' 10호와 11호, '보이저' 1호와 2호 등 많은 탐사선이 발사되었어. 이 탐사선들은 목성과 토성의 고리를 발견했고, 선명한 사진을 여러 장 찍어 보내왔어. 그중 '보이저 2호'는 네 개의 목성형 행성을 모두 방문한 유일한 탐사선이야. 천

유로파

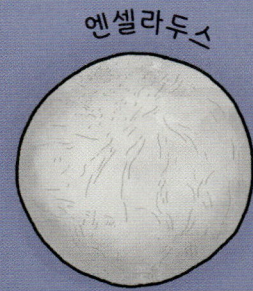

엔셀라두스

왕성의 숨겨진 고리를 발견하고, 해왕성의 한쪽에는 대기의 회오리가 불고 있다는 걸 알아내기도 했지.

목성형 행성에서는 생명체가 살기 어렵지만, 이 행성들의 위성 가운데 생명체가 살 만한 곳이 있어. 바로 목성의 위성인 '유로파', 토성의 위성인 '엔셀라두스'와 '타이탄'이야!

유로파와 엔셀라두스에서는 물이 발견되었어. 특히 엔셀라두스에선 산소, 탄소, 수소 등 생명체에 꼭 필요한 6대 원소가 모두 발견됐지. 또 타이탄은 지구처럼 대기를 가진 데다가, 액체 메테인으로 출렁이는 바다가 있어. 표면에 늘 액체가 존재하는 천체는 태양계에서 지구 외에는 타이탄밖에 없어. 그래서 이 위성들에 생명체가 있지는 않은지 활발히 연구 중이야.

우리가 소행성을 탐사하는 이유

소행성은 행성보다 훨씬 작지만, 행성처럼 태양 주위를 돌고 있어. 대부분 화성과 목성 사이에 몰려 있지. 우리가 소행성을 탐사하는 가장 큰 이유는 '지구를 안전하게 지키기 위해서'야!

소행성은 다른 소행성과 부딪치거나 목성의 영향을 받아 궤도가 바뀔 수 있어. 그중 어떤 건 지구와 부딪힐 수 있지. 만약 지구가 소행성과 충돌한다면, 지구에 엄청난 기후 변화가 일어나 동식물이 멸종하게 될 거야. 과거 공룡이 멸종한 것도 지구와 소행성이 부딪혔기 때문이라는 설이 유력하거든.

과학자들은 지구로 다가오는 소행성이 있는지, 얼마나 빠르게 오고 있는지, 지구와 충돌할 가능성은 없는지 등을 감시하고 있어. 또한 지구와 소행성의 충돌을 막는 방법도 찾고 있어. 소행성에 원자력 엔진을 달아 궤도를 바꾸거나, 소행성 주변에 거대한 돛을 띄운 뒤 태양풍(태양에서 쏟아져 나오는 입자들의 흐름)을 이용해 궤도에서 밀어내거나, 우주선을 쏘아 소행성과 부딪히게 한 뒤 소행성의 경로를 바꾸는 방법 등을 찾아냈지.

2022년 9월, 미국 항공 우주국은 지구에서 1100만 킬로미터 떨어져 있는 소행성에 우주선을 충돌시키는 실험을 했어. 그리고 소행성이 도는 궤도를 바꾸는 데 성공했어! 이런 방법이라면 지구와 충돌할 위험이 있는 소행성이 오더라도 안전하게 막을 수 있겠지?

지금은 '뉴 스페이스' 시대

옛날에는 미국과 소련 같은 강대국만이 우주를 탐사할 수 있었어. 그런데 지금은 일본과 중국, 아랍에미리트, 인도 등 여러 나라가 우주 탐사에 열을 올리고 있어. 기업과 개인 전문가들까지도 우주 개발에 몰두하며 성과를 내고 있지. 우주 개발은 또 뭐냐고? 로켓이나 인공위성 등을 이용해 우주를 탐사하고, 인류에 도움이 되는 기술을 개발하는 것을 **우주 개발**이라고 해.

과거에는 국가가 우주 개발을 이끌었지만, 오늘날에는 민간(국가 기관에 속하지 않는 개인이나 기업)이 우주 개발을 주도하는 것으로 흐름이 바뀌고 있어. 이를 **뉴 스페이스**라고 하지.

미국의 우주 탐사 기업 '스페이스 엑스'는 기억해 두면 좋아. 혁신적인 기술로 우주 개발을 이끌고 있거든. 로켓은 대부분 우주로 날아가면서 1단과 2단을 버려야 하는 일회용인데, 이들이 만든 로켓 '팰컨9'는 재사용할 수 있어.

전 세계 전문가들이 교류하면서 기술은 더욱 빠르게 발전하고 있어. 인공위성은 점점 작아져 소형 위성과 초소형 위성이

등장했고, 그 덕분에 로켓 하나에 수십 대의 인공위성을 실어 한꺼번에 띄울 수 있지. 이 외에도 오염 물질이 거의 나오지 않는 친환경 로켓, 낙하산이 달린 재사용 위성, 해머던지기처럼 회전력을 이용한 두연료 로켓 등을 탄생시키면서 민간 업체들이 우주 개발을 주도하고 있어.

더 알아보기

인류의 삶을 바꾼 우주 개발 기술

　우주 개발 과정에서 발명된 기술들이 우리의 삶을 더 편리하게 만들었다는 거 알고 있니? 우리 주변에서 흔히 볼 수 있는 물건들 중에서는 우주 개발에서 비롯된 것들이 많아. 궁금하면 따라와 봐!

우주 개발 과정에서 나온 기술들

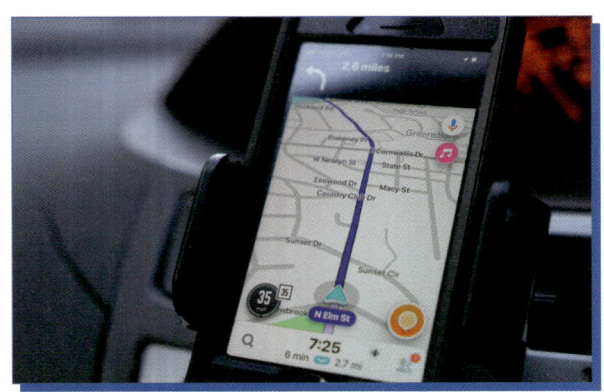

지피에스(GPS)는 인공위성을 이용하여 자신의 위치를 정확히 알 수 있는 시스템이야. 인공위성으로부터 받은 정보를 이용해, 우리에게 정확한 위치를 알려 줘.

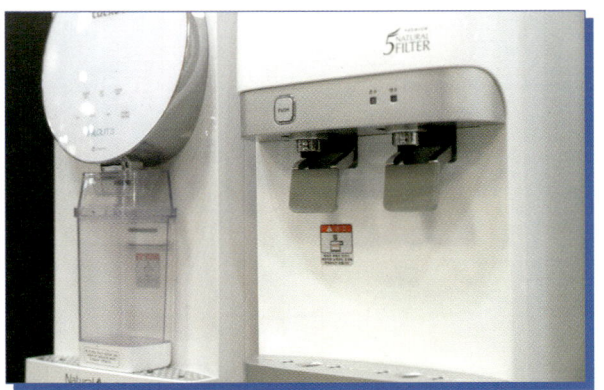

정수기 필터는 아폴로 계획 당시 미국 항공 우주국의 과학자들이 '이온 여과 장치'를 만든 것에서 비롯되었어. 이 장치는 물속에 들어 있는 오염 물질을 걸러 내 깨끗한 물을 만들어 주었지. 그 덕분에 땀과 소변, 숨을 내쉴 때 나오는 수분까지도 모아 식수로 만들 수 있었어. 이 기술을 응용해 지금의 정수기가 탄생한 거야!

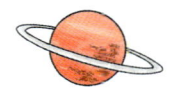

우주 정거장은 중력이 거의 없어. 빗자루로 먼지와 쓰레기를 모으려고 해도 공중에 둥둥 떠다니면서 여기저기 퍼질 거야. 그래서 미세한 먼지까지 빨아들여 깨끗하게 청소하는 **진공 흡입 기술**이 개발되었어. 이 기술로 오늘날의 **진공청소기**가 만들어진 거란다.

불이 났을 때 요란하게 울리는 **화재경보기**도 우주 개발 과정에서 만들어졌어. 1970년대 미국의 과학자들은 우주 정거장 '**스카이랩**'을 개발하면서, 우주에서 일어날지도 모르는 화재를 감지하기 위한 기술을 만들었어. 이 기술은 오늘날 화재경보기로 사용되고 있어.

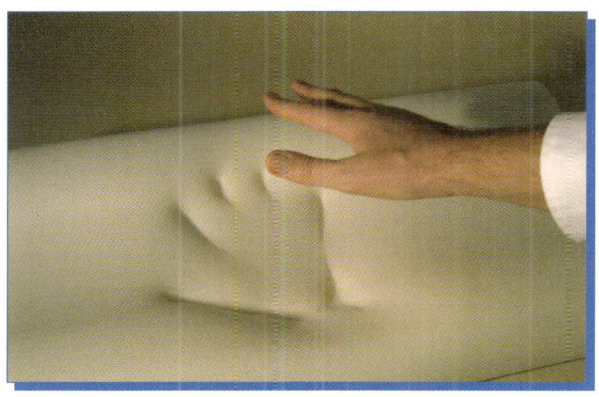

주로 침대 매트리스나 베개로 쓰이는 **메모리 폼**은 푹신해서 잠잘 때 쓰기 딱 좋아. 이 메모리 폼은 우주선 안에서 우주 비행사들의 척추와 목에 가해지는 충격과 진동을 줄이기 위해 발명되었어. 훗날 디스크 환자의 보호대, 침구 소재 등으로 활용되며 유용하게 쓰이게 도었지.

이 외에도 병원에서 우리 몸을 촬영할 때 쓰는 엠아르아이(MRI)와 시티(CT)도 우주선의 디지털 영상 처리 기술에서 비롯되었어. 또 로켓 발사가 인간의 혈압에 미치는 영향을 알아내기 위해 휴대용 혈압 측정기가 만들어졌지.
참, 우주 비행사의 관절을 보호하기 위해 신발 밑창에 공기를 넣는 기술이 에어쿠션 운동화로 탄생했다는 건 많은 친구들이 놀라워할 이야기일 것 같아! 이처럼 우주 개발 과정에서 우리 생활에 편리함을 주는 다양한 기술과 물건들이 만들어진 예는 수도 없이 많아.

⭐ 도전! 퀴즈 왕

1. 아래 상자의 글을 잘 읽고 빈칸에 알맞은 단어를 써 보세요.

> 태양계 행성 중 태양 가까이에 있는 수성, 금성, 지구, 화성을 ①〔　　〕 이라고 해요. 질량과 반지름이 작고, 표면이 단단한 암석으로 되어 있지요. 반면 태양과 멀찍이 떨어져 있는 목성, 토성, 천왕성, 해왕성을 ②〔　　〕 이라고 불러요. 질량과 반지름이 크고, 기체로 이루어져 있다는 특징이 있어요.

2. 다음 중 우주선의 종류가 아닌 것을 고르세요.

① 비행기　　② 궤도선　　③ 탐사선　　④ 인공위성　　⑤ 우주 왕복선

3. 소행성을 설명한 글이에요. 잘 읽고 괄호 안의 단어 중 맞는 것에 동그라미 치세요.

> 소행성은 행성보다 훨씬 작지만, 행성처럼 (위성, 태양) 주위를 돌고 있는 천체를 말해요. 대부분 (화성과 목성, 천왕성과 해왕성) 사이에 몰려 있지요. 과학자들은 소행성이 (지구, 태양풍)와 충돌하는 것을 막기 위해 감시하고 있어요.

정답 1. ① 지구형 행성 ② 목성형 행성　2. ①　3. 태양, 화성과 목성, 지구

질문 있어요!

 **사람이 정말로 달에 다녀왔다는 증거가 있나요?**

하늘에 별이 하나도 없다, 우주선과 우주 비행사의 그림자 방향과 길이가 제각각이다, 달에는 공기가 없는데 성조기가 펄럭인다, 1972년 이후로 지금까지 달에 간 사람이 없다……. 인터넷에 떠도는 '달 착륙 음모론'이야. 어떤 사람들은 아폴로 11호의 유인 달 탐사를 거짓이라고 주장하거든.

미국 항공 우주국과 전문가들은 이에 반박해 왔어. 달의 하늘에 별이 없는 건 '카메라의 초점을 달 표면에 맞췄기 때문'이라고 답했어. 또한 '달 표면이 울퉁불퉁해 그림자가 제각각으로 보일 수 있다'거나 '달에서도 성조기가 펄럭이듯이 보이도록 기역(ㄱ)자 모양 깃대에 걸었다'라고 설명했지.

아폴로 계획으로 여섯 차례나 달에 다녀온 미국이 유인 달 탐사를 중단한 건 너무 큰 비용이 들어서야. 당시에는 소련과 우주 탐사 경쟁 중이었으니 무리해서라도 갔지만 지금은 그렇지 않으니까. 게다가 2011년에는 미국의 달 탐사선이 아폴로 계획 당시 찍힌 우주 비행사들의 발자국을 사진으로 찍어 보냈어. 이 정도면 증거로 충분하지?

우주 과학관에서 보낸 하루

우주를 향한 첫걸음, 인공위성 발사!

1992년 우리나라는 첫 인공위성 **우리별 1호**를 쏘아 올렸어. 드디어 우주를 향한 첫걸음을 떼게 된 거야! 당시에는 우리의 기술이 부족했어. 그래서 영국의 도움을 받아 함께 만들어서, 남아메리카 기아나에 있는 우주 센터에서 발사했지. 그렇게 우리나라는 세계에서 22번째로 인공위성을 가진 나라가 되었단다.

우리별 1호는 가로세로 약 35센티미터, 높이 67센티미터에 무

우리는 생김새도 다르고 하는 일도 달라!

우리별 1호
아리랑 위성
무궁화 위성
천리안 위성

게는 47킬로그램 정도 되는 소형 위성이었어. 우주로 날아오른 우리별 1호는 지구 표면을 촬영하고 여러 데이터를 보내왔지.

이듬해인 1993년에는 국내에서 '우리별 2호'를 만들었어. 이어서 1999년에는 설계부터 제작까지 순수 우리의 기술로 만든 '우리별 3호'가 탄생했어. 비로소 우리나라도 스스로 인공위성을 만들 수 있는 나라가 된 거야!

이 외에도 전화, 라디오, 텔레비전 등 통신 신호를 보내는 '무궁화 위성', 한반도와 해양을 관찰하고 과학 실험을 하는 '아리랑 위성', 우주와 천체를 관측하는 '과학 기술 위성', 기상과 해양을 관측하는 '천리안 위성' 등을 우주로 보냈어. 2024년 4월 기준, 우리나라가 만든 34개의 인공위성이 지구를 돌고 있지.

현재 우리나라 과학자들은 한국형 지피에스인 '케이피에스(KPS)'를 개발하고 있어. 2030년대에는 우리만의 기술로 더 정확한 위치 정보를 알게 될 거라고 하니 기대해 보자!

우리나라 최초의 우주 발사체 '나로호'

　우리나라가 로켓 개발에 뛰어든 건 1980년대 후반부터야. 오랜 연구와 실험 끝에 마침내 인공위성을 지구 궤도에 올려놓을 수 있는 우리나라 최초의 우주 발사체 **나로호**를 개발했지!

　로켓 이야기를 하다가 갑자기 '우주 발사체'가 나와서 고개를 갸웃하는 친구들이 있을 것 같아. 로켓은 연료를 태울 때 나오는 기체의 힘으로 솟아오르는 비행체를 통틀어 부르는 말이야. 때에 따라서는 로켓 엔진 부분만을 따로 로켓이라고 부르기도 하지. 반면 **우주 발사체**는 우주선이나 우주 비행사를 싣고 우주로 날아가는 로켓을 가리켜. 로켓과 우주 발사체는 비슷해서 구분하지 않고 쓰는 사람들이 많단다.

　다시 '나로호' 이야기로 돌아가 보자. 나로호는 지름 약 3미터, 길이 33미터에 무게가 140톤 정도 나가는 2단형 우주 발사체야. 1단 로켓은 러시아가, 2단 로켓은 우리 기술로 만들었어.

　나로호는 2009년 1차, 2010년 2차 발사 때 실패를 맛보았어. 2013년 1월 30일, 3차 발사에 이르러 마침내 나로호는 페어링

(로켓의 앞쪽에 붙어 있는 보호 덮개)과 1, 2단 로켓을 순차적으로 분리하며 무사히 우주로 날아올랐어. 로켓에 실린 인공위성을 정해진 지구 궤도로 올린 뒤, 지구상에 있는 과학자들과 신호를 주고받는 데 성공했지. 우리나라 우주 개발의 역사를 새로 쓴 순간이었어!

우주 강국의 신호탄을 쏜 '누리호'

나로호를 성공적으로 발사한 이후, 우리나라 과학자들은 1단 로켓을 개발하기 위해 더욱 애썼어. 나로호의 1단 로켓은 러시아가 만들었잖아? 그래서 다른 나라의 도움 없이 오로지 우리만의 힘으로 로켓을 완성하려 했지. 그리고 마침내 우리만의 기술로 하늘 문을 활짝 열었어.

2022년 6월 21일, 전라남도 고흥에 있는 나로 우주 센터에서는 커다란 연기를 내뿜으며 우주 발사체가 솟아올랐어. 우리나라만의 독자적인 기술로 만든 첫 우주 발사체 **누리호**였지. 우리가 만든 인공위성을, 우리가 만든 로켓에 실어, 우리나라 땅에서 쏘아 올렸다는 기쁨에 온 나라가 떠들썩했어. 2021년 1차 발사에 실패한 뒤 2차 발사에 성공한 터라 기쁨은 배가 됐지.

누리호는 지름 3.5미터, 길이 47미터에 무게가 약 200톤이나 나가는 3단형 우주 발사체야. 국내 300여 기업에서 500명이 넘는 전문가들이 힘을 합쳐 만들었지. 무려 1톤 이상의 인공위성을 지구로 띄울 수 있어. 그렇게 무거운 물건을 우주로 쏘아 올릴 수 있다니, 대단하지? 이로써 우리나라는 세계에서 11번째로 '스스로 로켓을 만들어 발사할 수 있는 나라'가 되었단다!

누리호는 지금도 열심히 만들어지고 있어. 2023년 5월 누리호 3차 발사에 성공한 데 이어, 2025년 4차, 2026년 5차 발사 때에도 각각 인공위성을 싣고 우주로 갈 예정이거든!

달 탐사선 '다누리호'의 기나긴 여정

　우리나라는 자체적인 기술로 인공위성과 로켓을 쏘아 올리고 난 뒤, 비로소 달 탐사를 위한 첫발을 뗐어. 누리호 2차 발사 성공 약 두 달 뒤인 2022년 8월, 미국 플로리다주에 있는 우주 기지에서 우리나라의 첫 달 탐사선 **다누리호**가 발사됐어! 그렇게 다누리호는 스페이스 엑스의 '팰컨9' 로켓에 실려 달을 향한 여정을 시작했단다.

　넉 달이 흐른 2022년 12월, 다누리호가 무사히 달 궤도에 진입했다는 반가운 소식이 들려왔어. 우리나라는 우주 선진국들보다는 늦게 우주 개발을 시작했지만, 그동안의 역량을 토대로 차곡차곡 성과를 쌓아 올려 마침내 세계에서 달 탐사선을 보낸 7번째 나라가 된 거야!

　다누리호는 달에서 100킬로미터 떨어진 곳을 비행하면서 달을 관측하는 탐사선이야.

태양과 지구의 중력을 이용해 지구 방향으로 궤적 수정!

가로세로 약 2미터, 높이 2.3미터 정도로 냉장고 두 개를 붙여 놓은 듯한 크기지.

다누리호의 최우선 임무는 2032년경 발사 예정인 우리나라 달 착륙선의 착륙 후보지를 탐색하는 거야. 다누리호는 매일 달을 12바퀴씩 돌면서, 향후 로버나 사람을 태운 착륙선이 달의 어디에 내리면 좋을지를 밝혀낼 예정이야!

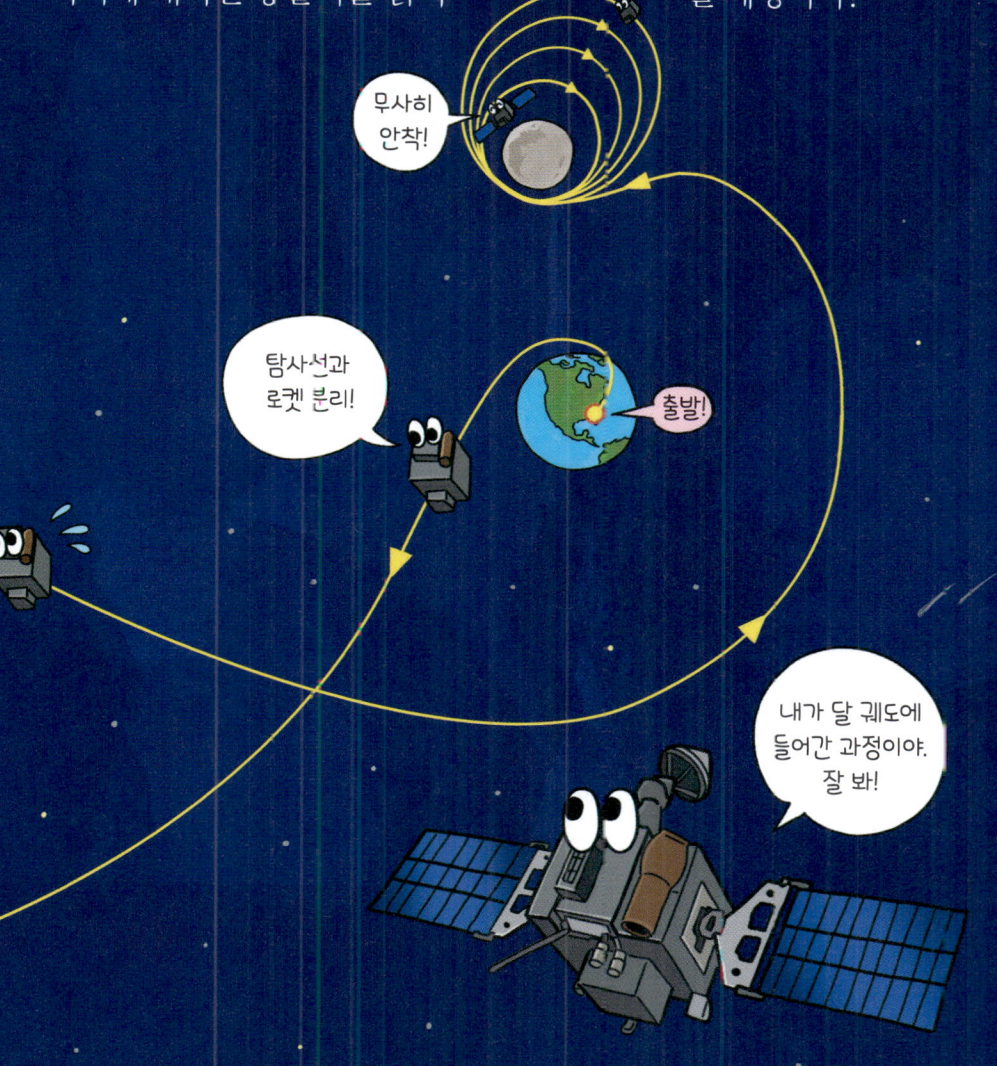

다누리호는 어떻게 생겼을까?

　다누리호에는 달에서 얻은 정보를 지구까지 보내는 여섯 가지 특수 장비가 들어 있어. 우선 '고해상도 카메라'는 훗날 달 착륙선이 착륙할 후보지를 찾기 위해 달의 곳곳을 정밀하게 촬영해. 달의 극지방에는 일 년 내내 햇볕이 닿지 않아 늘 그늘진 곳이 있는데, 여기는 '섀도우 캠'으로 찍어 물이 있는지 확인할 거야.

　빛의 일종인 감마선을 이용한 '감마선 분광기'로는 달 표면의 성분을 알 수 있어. 또 '자기장 측정기'를 통해 달 주변의 자기장 세기를 측정해서 달이 어떻게 탄생했는지를 밝혀내려고 해.

　'우주 인터넷' 장비로는 지구와 달 궤도선 사이의 우주 인터넷 통신 기술을 시험하고 있어. 또한 다누리호에는 다른 달 탐사선에는 없었던 '광시야 편광 카메라'가 있어서, 달 표면의 입자 크기와 종류 등 일반 카메라로는 찍기 어려운 달의 특성을 알아낼 예정이야. 실제로 광시야 편광 카메라로 관측한 달 사진을 이어 붙여서, 달의 뒷면까지 모두 담긴 달 지도를 만들기도 했단다.

　2023년 12월, 다누리호는 새로운 소식을 전해 주었어. 달의 뒷면이 앞면보다 더 높은 전기 전도성을 갖고 있다는 걸 알아 낸 거야. 이 말은 달의 뒷면이 앞면보다 더 뜨겁거나, 지하에 더 많은 물을 가지고 있다는 뜻이라 전 세계 과학자들은 깜짝 놀랐어. 다누리호가 또 어떤 성과를 가져올지 설레는 마음으로 지켜보자!

다누리 = 달(을) + 누리다
달을 남김없이 모두 누리고 오라는 뜻!

- 우주 인터넷
- 섀도우 캠
- 자기장 측정기
- 광시야 편광 카메라
- 감마선 분광기
- 고해상도 카메라

섀도우 캠을 제외한 나머지 장비는 우리나라 과학자들이 만들었대!

더 강력하고 거대한 로켓, 너의 이름은?

다누리호가 성공적으로 달 궤도에 진입하면서 우리나라도 비로소 우주 탐사 시대가 시작됐다고 볼 수 있어. 다누리호가 계획한 대로 임무를 완수한다면 이번에는 우리 기술로 만든 달 착륙선을, 우리 기술로 만든 로켓에 실어 달에 보낼 차례야.

다누리호가 '누리호'가 아닌 스페이스 엑스의 '팰컨9' 로켓을 타고 간 이유는 누리호보다 팰컨9의 발사하는 힘이 더 세기 때문이야. 물속에서 멀리까지 헤엄치려면 발을 세차게 굴려야 하는 것처럼, 로켓도 지구 궤도를 벗어나 멀리 있는 달까지 가려면 더 큰 힘이 필요하거든.

그래서 우리나라 과학자들은 누리호보다 크기가 크고 추력도 센 2단형 로켓 '차세대 발사체(KSLV-Ⅲ, 케이에스엘브이 3호)'를 만들고 있어. 누리호가 지구 저궤도(지구 표면에서부터 약 2000킬로미터 이하의 궤도)에 3.3톤짜리 물체를 보낼 정도라면, 차세대 발사체는 10톤짜리를 쏘아 올릴 수 있어. 누리호로 띄우기 힘든 무거운 대형 인공위성도 쏘아 올릴 수 있고, 이보다 더 먼 곳까지 탐사선을 보낼 수 있지.

2032년에는 차세대 발사체에 달 착륙선을 실어 달까지 보낼 계획이야. 더 나아가 우리나라 과학자들은 2045년쯤엔 여기에 화성 탐사선을 실어 화성으로 보낼 계획까지 세웠다고 해.

더 알아보기

우리나라 우주 탐사의 미래

누리호와 다누리호가 연달아 성공하면서 우리나라 우주 탐사에 대한 국민들의 관심이 더욱 뜨거워졌어. 자, 우리나라의 과학자들이 또 어떤 도전을 이어 갈 예정인지 한번 살펴볼까?

우주 항공청 설립

2022년 11월, 우리나라 정부는 경상남도 사천에 우주 항공청을 짓겠다고 발표했어. 2024년 1월에는 우주 항공청 특별법이 국회 본회의에 통과되었지. 그러니까 머지않아 우리나라 최고의 전문가들이 모여, 우주 항공 정책을 총괄하고 기술을 개발하는 조직을 만든다는 거야! 이곳 가까이에는 국내 대표 우주 기업인 한국 항공 우주 산업, 한화 에어로 스페이스 등 누리호를 개발하는 데 주요 역할을 했던 수십 개의 기업들이 있어. 또한 로켓을 발사하는 전라남도 고흥 나로 우주 센터와도 그리 멀지 않아서 이점이 있지. 훗날 이곳에서 우리 기술로 만든 차세대 로켓과 인공위성이 탄생하고, 달과 화성에 다녀올 우주 비행사도 자라나겠지?

누리호를 뒤이을 차세대 발사체 개발

우리나라 과학자들은 누리호를 더욱 업그레이드해 4~6차 발사를 할 계획이야. 이뿐만 아니라 더욱 거대하고 추력이 센 우주 발사체를 개발하고 있지. 누리호의 1단 로켓에는 75톤짜리 엔진 4기가 들어 있었지만, 그 뒤를 이을 차세대 발사체의 1단 로켓에는 100톤짜리 엔진 5기가 들어갈 예정이야. 크기만 커지는 게 아니라 더 강력한 엔진을 달게 되는 거지. 그만큼 더 강한 힘으로 대형 인공위성을 발사하거나 달, 화성까지 탐사하는 일도 가능해질 거야.

차세대 발사체 개발에 앞장서고 있는 '한국 항공 우주 연구원'의 모습이야. 추후 우주 항공청에 합쳐져 함께 연구할 예정이라고 해.

달로 가는 꿈, 그 실현 가능성은?

누리호보다 성능이 높은 차세대 발사체가 개발되면, 달로 가겠다는 우리나라의 원대한 꿈에 한 발짝 더 다가설 수 있어. 지금은 다누리호가 달 궤도를 돌며 탐사 임무를 수행하고 있지만, 달에 직접 내려서 탐사하는 달 착륙선을 보낼 수 있다면 로버를 보내거나, 우주 비행사가 직접 달에 다녀올 수도 있겠지.

2023년, 다누리호의 발사 성공을 기념하는 우표가 발매되었어. 다누리호는 처음 계획보다 2년 더 임무를 수행해 2025년까지 달을 탐사할 예정이야.

	올드 스페이스(Old Space)	뉴 스페이스(New Space)
목표	군사, 안보, 국가 위상 등	새로운 시장 개척, 서비스 제공 등
주요 참여자	국가 연구 기관, 국가가 정한 대기업	일반 대기업, 중소기업, 신생 기업
개발 방식	국가가 주도하고 민간에 의뢰	민간이 주도하고 국가가 이를 구매
개발 비용	오랜 기간 동안 높은 비용을 투자	비교적 짧은 기간 동안 낮은 비용을 투자
대표 사례	아폴로 프로젝트, 우주 정거장 건설 등	스페이스 엑스, 블루 오리진 등

한국형 뉴 스페이스 시대

민간 기업이 주도하여 우주 개발 사업을 하는 '뉴 스페이스'는 정부가 주도하는 우주 개발을 일컫는 말인 '올드 스페이스'에 반대되는 말이야. 미국, 유럽, 일본처럼 우리나라도 가까운 미래에 뉴 스페이스가 실현될 거야. 실제로 누리호를 설계하고 제작, 시험, 발사하는 모든 과정에는 국가 기관인 한국 항공 우주 연구원뿐만 아니라 한화 에어로 스페이스, 비츠로테크, 현대 중공업 등 국내 민간 기업 300여 곳이 참여했어. 각 기업들은 엔진 제작이나 조립, 발사대 건설처럼 특화된 전문성을 갖고 있었지. 언젠가 우리나라에도 스페이스 엑스 같은 멋진 우주 기업이 탄생하겠지?

도전! 퀴즈 왕

1. 설명을 잘 읽고, 상자에서 알맞은 로켓의 이름을 찾아 써 보세요.

① 우리나라가 쏘아 올린 첫 인공위성이에요. ● ● ㉠ 누리호

② 우리나라 최초의 우주 발사체예요. ● ● ㉡ 우리별 1호

③ 국내 기술로 만든 첫 우주 발사체예요. ● ● ㉢ 다누리호

④ 우리나라 제1호 달 탐사선이에요. ● ● ㉣ 나로호

2. 우리나라 우주 탐사에 대한 설명으로 알맞은 것을 고르세요.

① 누리호는 이미 성공적으로 발사되었으니, 더 이상 업그레이드를 하지 않아도 돼요.

② 다누리호에 실려 있는 특수 장비는 모두 외국의 유명 우주 기업에서 만들어서 성능이 무척 뛰어나요.

③ 2032년에는 차세대 발사체에 달 착륙선을 실어 달까지 보낼 계획이에요.

④ 화성을 탐사하려면 적어도 100년은 걸릴 것으로 보고, 현재는 달 탐사에만 집중하고 있어요.

⑤ 우리나라만의 독자적인 우주 항공청 대신, 미국 항공 우주국과 연계된 조직을 운영할 예정이에요.

정답 1.①-㉡ ②-㉣ ③-㉠ ④-㉢ 2.③

질문 있어요!

우리는 언제쯤 우주여행을 할 수 있나요?

어마어마한 비용이 들긴 하지만 지금도 가까운 우주여행은 가능해. 몇 분 동안 무중력을 체험하거나 우주의 풍경을 즐기고 오는 정도지. 2021년 7월 영국의 민간 우주 기업 '버진 갤럭틱'의 리처드 브랜슨 회장은 일행 5명과 함께 일반인 최초로 우주여행을 다녀왔어.

같은 달 미국의 민간 우주 기업 '블루 오리진'의 제프 베이조스 회장도 우주에 다녀왔어. 로켓에 실려 발사된 캡슐이 75킬로미터 상공에서 분리되어 약 107킬로미터까지 올라갔지. 또 2022년 4월에는 스페이스 엑스에서 만든 우주선을 타고, 일반인 4명이 국제 우주 정거장에 다녀오기도 했어.

달이나 화성, 그보다 더 먼 행성에 가려면 지금보다 더 빠른 우주선이 필요해. 과학자들은 핵분열로 아주 높은 열을 만들어서 로켓을 쏘아 올리는 엔진을 개발하고 있어. 또 태양풍을 이용하는 로켓도 연구하고 있지. 이런 로켓들이 탄생한다면 연료를 거의 싣지 않고도 우주여행을 할 수 있지 않을까?

지구와 닮은 머나먼 행성을 꿈꾸며

달에 우주 기지를 세우는 이유

머나먼 우주를 탐사하려면 달에 기지를 지어야 해. 지구로부터 200만 킬로미터 이상 떨어진 우주를 심우주라고 해. 장거리 여행 중 잠시 쉬거나 연료를 채우기 위해 들르는 휴게소처럼, 심우주를 여행할 때 달을 우주 환승 센터로 활용하려는 거지.

달에 기지를 짓는 이유는 지구에서 가장 가까워서야. 지구에서 가까운 행성인 화성까지 가는 데 지금의 로켓으로는 약 7~9개월 정도 걸려. 반면 지구에서 달까지는 4~6일 만에 갈 수 있어. 50여 년 전 아폴로 11호도 나흘 만에 달에 도착했지.

또한 달에는 자원이 풍부해. 달 표면에 잔뜩 쌓인 흙으로 기지를 지을 수 있고, 달에 묻힌 얼음에서 우리가 마실 물을 얻을 수 있어. 또 물을 전기 분해하면 산소와 수소로 분리돼. 이것을 이용해서 우리가 숨 쉬는 데 필요한 산소도 얻을 수 있지. 여기에, 적은 양으로도 엄청난 전기를 만들 수 있는 '헬륨3'이 가득하니 달이 깜깜하더라도 기지 안은 대낮처럼 밝을 거야.

게다가 로켓은 지구보다 달에서 더 쉽게 날아갈 수 있어. 왜

냐고? 지구는 강한 중력으로 물체를 끌어당겨. 그래서 로켓이 지구 밖으로 나가려면 연료 대부분을 중력을 이기는 데 써야 해. 하지만 달의 중력은 지구 중력의 6분의 1 정도밖에 되지 않아. 그러니 적은 연료로도 멀리 갈 수 있지. 어때, 화성에 갈 때 달에서 짐과 연료를 챙겨 출발한다면 훨씬 효율적이겠지?

유인 달 탐사 계획 '아르테미스 프로젝트'

달 탐사가 먼 이야기 같니? 놀랍게도 세계는 10년 이내에 사람을 달로 보내 기지까지 지을 계획을 세워 하나씩 이루고 있어. 미국 항공 우주국의 주도로 영국, 오스트레일리아, 우리나라를 비롯한 36개국과 스페이스 엑스, 블루 오리진 같은 기업들이 함께 유인 달 탐사 프로젝트를 진행하고 있거든. 바로 **아르테미스 프로젝트**야!

아르테미스 프로젝트의 목적은 달에 우주 비행사가 살 수 있는 기지를 지어서 자원을 캐고, 화성 등 심우주 탐사를 시작하는 거야. 그래서 2028년경까지 달 궤도에 **루나 게이트웨이**라고 하는 우주 정거장을 지을 계획을 세웠어. 지구와 달, 달과 화성을 연결해 주는 다리가 있으면 더 수월하게 오갈 수 있겠지?

2022년 가을, 미국 항공 우주국은 아르테미스 1호 로켓에 '오리온'이라는 달 탐사선을 실어 우주로 띄웠어. 첫 비행이라 우주 비행사 대신 마네킹을 태워 보냈다고 해. 오리온은 약 26일

간 달 궤도를 돌면서, 성능과 안전성을 시험하고 무사히 지구로 돌아왔어.

2025년에는 아르테미스 2호 로켓에 우주 비행사 4명을 태워 달 궤도를 돌고 올 계획이야. 성공하면 2026년에는 아르테미스 3호 로켓을 타고 우주 비행사가 직접 달에 다녀올 예정이지. 지금껏 달에 다녀온 우주 비행사는 모두 백인 남성이었지만, 이제는 여성과 다른 여러 인종의 우주 비행사도 함께할 거라고 해.

달 정착을 위한 필수품

 자, 우리가 달에서 살게 되었다고 상상해 봐. 달에서 살기 위해 꼭 필요한 것, 지구에서 챙겨 가야 할 것은 뭐가 있을까?

 달에 머무르기 위해서는 먼저 사람이 살 수 있는 달 기지를 지어야 할 거야. 우주에서 날아오는 운석과 우주 방사선을 피해야 할 테니 말이야. 하지만 건물을 짓겠다고 지구에서부터 시멘트와 물, 벽돌을 모두 챙겨 가려면 너무 무겁겠지? 로켓이 끊임없이 지구와 달을 오가야 하는 불편함도 있을 테고.

 그래서 과학자들은 달에서 직접 벽돌을 만드는 방법을 떠올렸어. 스리디(3D) 프린터를 이용하는 거지! 프린터가 종이에 잉크를 뿌려 글자를 인쇄하듯이, 스리디 프린터는 재료를 얇게 뿌려 한층 한층 위로 쌓는 방식으로 3차원 물건을 만들어. 벽돌의 설계도를 입력해 월면토(달 표면의 흙)를 넣으면, 스리디 프린터가 월면토 벽돌을 찍어 낼 수 있지 않겠어? 실제로 현재 과학자들은 이 방법을 구현하기 위해 연구하고 있어.

 아! 월면토 벽돌로 건물을 지으려면 건설 로봇도 데려가는 게 좋겠지? 사람과 짐을 나르며 달의 표면을 다니는 월면차, 달의 남극에 묻힌 얼음을 캐낼 로봇, 얼음을 녹인 물을 분해해 산소를 얻는 로봇, 달의 자원인 헬륨3를 캐낼 로봇, 전기를 생산할 로봇 등 다양한 로봇을 데려가면 편리할 거야.

　기지 밖에서 활동하려면 우주복은 필수야. 흙먼지로부터 몸을 보호해 주는 건 기본이고, 달에서도 숨을 쉴 수 있도록 공기를 공급하고 체온을 유지하게 하는 장치가 달려 있거든!

달 기지에서 보내는 하루

 2030년대 달에는 아르테미스 기지뿐 아니라 유럽의 '문 빌리지', 중국과 러시아의 '국제 달 연구 기지' 등 여러 마을이 생길 거야. 마을마다 월면토 벽돌로 지은 건물들이 있겠지? 지구의 네모반듯한 건물과 달리 이곳 건물들은 둥글게 생겼을 거야.
 이번에는 달 기지의 모습을 그려 보자. 달 기지 안에는 우리가 숨 쉴 수 있도록 산소가 하루 종일 공급돼. 달의 얼음을 녹인 물에서 얻은 산소지. 목이 마를 땐 달의 얼음을 녹여 마시면 돼.

달에 자원이 가득 묻혀 있다고 했지? 그 자원으로 생산한 전기로 우리는 달에서도 텔레비전을 보거나 음악을 듣고, 밝은 전등 아래에서 책을 읽을 수 있어. 달에서 공상 과학 영화를 보면 얼마나 실감 나겠니?

꼬르륵! 식사 시간에는 달 얼음을 녹인 물과 영양분을 넣어 키운 작물로 볶음밥을 만들어 먹을 수 있어. 여기에 스리디 프린터로 만든 고기를 구워 얹으면 훌륭한 한 끼가 완성되겠지.

배가 살살 아프면 어떡하냐고? 그건 걱정하지 마. 달 기지 안에도 화장실은 있거든. 대변을 비료로 만들어서 달 농장에서 작물을 키우는 데 사용될 수 있어.

훗날 우리가 달에 정착하게 된다면 정말 이런 모습이지 않을까? 이만하면 지구에서처럼 편안하게 살 수 있겠지?

달에서 뜰 이색 직업은?

만약 인류가 달에 정착하게 된다면 달의 환경에 맞춰 새로운 직업들이 나타나게 될 거야.

먼저 '동굴 건축가'가 생겨날 수 있어. 달은 낮과 밤의 온도 차가 약 300도나 돼. 달은 낮에는 최고 127도까지 오르고, 밤에는 영하 183도까지 떨어지거든. 달의 동굴에 들어가면 이런 극단적인 온도 변화와 우주 방사선으로부터 몸을 보호할 수 있을 거야. 그러니 동굴에 집을 짓는 사람이 필요하겠지.

'우주복 디자이너'도 나타날 거야. 달 기지 밖에서는 우주복을 입어야 하잖아? 내 몸에 꼭 맞고, 온종일 입어도 편안한 우주복을 만드는 사람도 필요하지.

동굴 건축가

우주복 디자이너

달 농부

우주선 기술자

척박한 달에서도 지구에서처럼 식물을 싱싱하게 키우는 방법을 연구하는 '달 농부'도 필요한 직업이야. 2023년 중국의 과학자들은 달 토양과 비슷하게 만든 흙에 물과 영양분을 줘서 식물을 키우는 데 성공했어. 달에서 농사짓는 기술은 우주에서 유용하게 활용될 수 있을 거야.

또 우주선에서 먹을 수 있는 간편하고 영양가 있는 식품을 만드는 '우주 식품 개발자'도 필요할 거야. 새로운 우주선을 만들거나 고장 난 우주선을 수리하는 '우주선 기술자'도 늘어나겠지. 이 외에 달에서는 또 어떤 직업이 생겨날까?

우리가 화성에서 살 수 있을까?

달 마을을 지었다면 이제는 화성으로 유인 탐사를 갈 차례야. 과학자들이 달에 기지를 짓는 이유도 화성 등 심우주 탐사를 가기 위해서야. 화성은 지구와 닮은 점이 많아서 인류의 정착 가능성이 큰 행성으로 꼽히거든.

화성은 대부분 이산화 탄소로 이루어져 있지만 옅은 대기가 있고, 지구처럼 단단한 지각을 가지고 있어. 하루가 약 24시간인 것도 지구와 닮았지. 또 화성의 중력은 지구의 3분의 1 정도야. 지구 중력의 6분의 1인 달보다는 적응하기가 좋겠지.

무엇보다도 화성에는 물이 흘렀던 흔적이 남아 있어. 지금도 화성의 지각 안에 물이 묻혀 있을 가능성이 있다고 보고 계속 연구하는 중이야.

참, 화성에서는 특히 먼지를 조심해야 해! 화성에서 부는 강력한 먼지 폭풍은 탐사선뿐만 아니라 우주 비행사의 건강에도 악영향을 줄 수 있거든. 그래서 반드시 우주복을 입어야 해.

지금까지 밝혀낸 바로는 화성은 사람이 살 만한 환경이 못

돼. 하지만 지구와 닮은 점이 많은 만큼, 인류가 화성으로 이주해서 정착할 수 있을지에 대한 다양한 가능성을 열고 여러 연구를 진행하고 있는 거란다.

우주에 지구와 다른 문명이 있을까?

인류는 동물과 달리 말과 글로 소통하거나 기록을 남겨. 불을 사용하고, 새로운 도구를 개발해 맨손으로는 어려운 일도 척척 해내지. 이렇게 인류가 물질적, 기술적으로 사회를 발전시키는 것을 **문명**이라고 해.

인류는 끊임없이 탐험하며 문명을 만들어 왔어. 지금은 과학 기술이 문명을 발전시키지. 전쟁과 환경 파괴, 자원 고갈 등 위기가 닥치지 않는 한 문명은 계속 이어질 거야.

인류가 우주에 산다면 우주 문명도 탄생할 거야. 미국과 중국 등 여러 나라가 앞다투어 로켓과 탐사선을 보내는 이유이기도 해. 지구와 가장 가까운 달만 해도 새로운 자원이 풍부하잖아? 지구와 다른 문명이 탄생할 가능성이 크지. 그러려면 우주를 잘 알고, 우주의 낯선 환경에서도 새로운 것을 찾고, 만들 수 있는 우주 공학자가 많이 있어야 할 거야.

그렇다면 외계 생명체가 만든 우주 문명도 있을까? 과학자들은 우리은하에만 외계 문명이 36개 이상 있다고 생각해. 태양

과 닮은 별을 도는 행성 중, 환경과 나이가 지구와 닮은 곳에는 문명이 있을 거라고 가정해 계산한 결과야. 하지만 지구와 너무 멀리 떨어져 있어서 실제 소통하기는 어렵다고 보고 있어.

> 더 알아보기

달 기지 마을의 모습을 상상해 봐!

　미국 항공 우주국은 아르테미스 프로젝트의 일환으로 달에 기지를 세울 계획이야. 유럽 우주국 역시 달에 탐사 대원들이 거주할 수 있는 '문 빌리지'라는 기지를 세울 예정이지. '문'(moon)은 달을, '빌리지'(village)는 마을을 뜻하는 영어 단어인데, 한 마디로 달 기지 마을을 조성한다는 거야. 달에 조성될 기지 마을은 어떤 모습일까? 지금까지 과학자들이 발표한 내용을 바탕으로 마음껏 상상해 보자!

태양광 패널
태양이 내뿜는 열과 빛으로 에너지를 얻을 수 있어.

달 자원 채굴
히토류, 헬륨3와 같은 달의 자원을 캘 수 있어.

식물 재배
물과 산소가 있다면 식물을 재배할 수 있어. 우주 비행사의 대소변을 퇴비로 써도 되겠다!

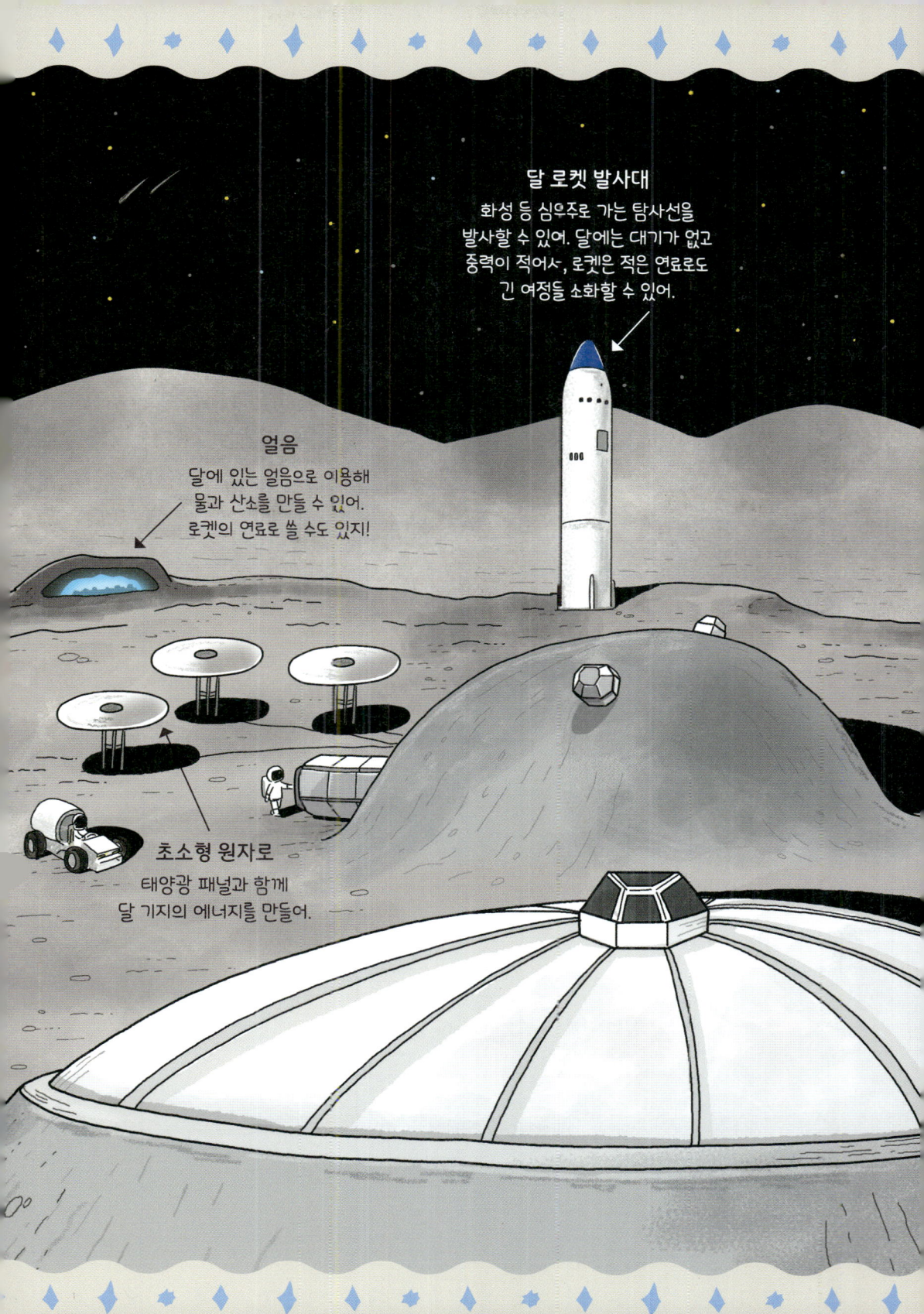

달 기지를 세우기 딱 좋은 달의 남극

달 기지를 짓기에 좋은 곳으로 꼽히는 곳은 바로 달의 남극이야. 달의 중간도 아니고, 왜 하필 남극에 지으려는 거냐고? 그건 달의 남극이 가진 환경적인 특징 때문이야. 과학자들이 달의 남극에 주목하는 이유를 살펴보자.

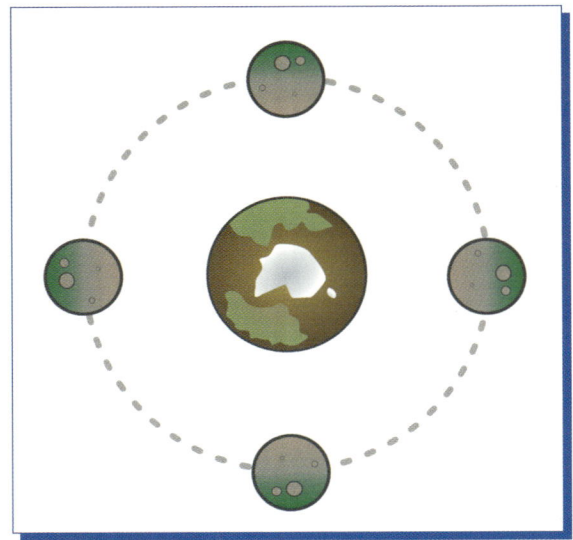

천체가 고정된 축을 중심으로 스스로 도는 것을 '자전'이라고 해. 팽이처럼 뱅뱅 도는 모습을 떠올리면 쉬울 거야. 달은 거의 직각으로 자전하기 때문에, 달의 극지방에는 태양 빛이 거의 닿지 않아. 그러니 태양에 의한 급격한 온도 변화를 피할 수 있어.

달의 남극 근처에는 얼음이 존재하는 것으로 밝혀졌어. 그러니까 달 기지에 사는 사람들이 마시고 쓸 물을 이곳에서 가져올 수 있지. 또 이를 분해해서 산소를 공급하고, 에너지로 쓸 수 있을 가능성까지 있다고 해.

★ 도전! 퀴즈 왕

1. 아래 상자의 글을 읽고 무엇에 대한 설명인지 쓰세요.

- 달에 사람을 보내고, 사람이 거주할 수 있는 기지를 지어서 화성 등 심우주를 탐사하기 위한 유인 달 탐사 프로젝트예요.
- 미국 항공 우주국의 주도로 영국, 오스트레일리아, 우리나라를 비롯한 36개국과 스페이스 엑스, 블루 오리진 같은 기업들이 힘을 합쳐 진행하고 있어요.

---

2. 아래 상자의 글을 읽고 '이곳'으로 알맞은 답을 고르세요.

달에 기지를 지은 뒤에는 '이곳'으로 유인 탐사를 갈 계획이에요. '이곳'은 지구와 닮은 점이 많아서 인류의 정착 가능성이 큰 행성으로 꼽히지요. '이곳'은 대부분 이산화 탄소로 이루어져 있지만 옅은 대기가 있고, 지구처럼 단단한 지각을 가지고 있어요. 하루가 약 24시간인 것도 지구와 비슷해요.

① 수성　　② 금성　　③ 화성　　④ 목성　　⑤ 토성

정답 1. 아르테미스 프로젝트 2. ③

질문 있어요!

 **우주 탐사를 위협하는 요소에는 무엇이 있을까요?**

우주로 나가는 것이 어렵지, 우주에 도착하기만 하면 쉽게 탐사할 수 있을 거라 생각하는 친구들도 있을 거야. 하지만 우주에서는 우주 비행사의 생명까지 위협할 수 있는 위험 요소들이 있어. 첫 번째로 우주에서 느닷없이 날아오는 크고 작은 운석이나 우주 쓰레기(낡은 인공위성과 로켓에서 떨어져 나온 파편들)를 들 수 있어. 로켓과 인공위성이 많아질수록 우주 쓰레기도 계속 늘고 있거든.

두 번째는 우주를 둥둥 떠다니는 우주 먼지야. 예컨대 달에는 공기가 없어서 먼지가 뾰족뾰족하게 생겼어. 기계의 좁은 틈으로 들어가면 기계를 망가뜨릴 수 있고, 사람이 들이마시면 호흡 기관에 병이 날 수도 있어. 화성의 먼지는 녹슨 쇳가루 같아서, 자칫 만지거나 들이마셨다가는 화상을 입을 수 있지.

세 번째는 우주 방사선이야. '우주 방사선'은 우주에서 지구로 계속해서 날아오는 에너지가 엄청난 입자들과 방사선을 말해. 방사선에 쏘이면 어지러움을 느끼고 토를 하기도 해. 이보다 더 많이 쏘이면 암 같이 무서운 병에 걸리거나 장기가 망가져 목숨을 잃을 수도 있어.

• 사진 제공_ 나로 우주 센터 우주 과학관, 국립 과천 과학관, 중미산 천문대, 연합뉴스, Wikipedia

글쓴이 **이정아**

프랑스 소르본 대학교(파리6)에서 생명 과학을 전공하고, 카이스트(KAIST)에서 과학 저널리즘으로 석사 학위를 받았다. 14년간 《과학동아》, 《어린이과학동아》 기자였고, 현재는 《조선비즈》의 고참 기자로 일하고 있다. 「과학 개념 연구소」 시리즈, 『로봇 큐리는 내 베프』, 『큐리는 AI 로봇』, 『달력으로 배우는 과학발명 수업』을 썼으며, 『아름다운 탄생』, 『신비로운 인체』, 『올빼미일까 부엉이일까?』 등을 옮겼다.

그린이 **남동완**

두 아이와 함께 이것저것을 관찰하며 즐겁게 이야기 나누듯 그림을 그린다. 경희 대학교에서 디자인을 전공한 후 아이들이 좋아서 문구 디자인 회사에 다녔고, 지금은 아이들을 위한 그림을 그리고 있다. 쓰고 그린 책으로 『완벽한 타이밍』, 『쳇! 두더지한테 아무도 관심 없어』, 『숟가락이면 충분해』, 『초능력을 빌려드립니다』가 있고, 그린 책으로 『궁금했어, 곤충』, 『똥침 한 방 어때요?』, 『생각의 탄생 2 시간과 시계』, 『오싹오싹 귀신 선생님의 수상한 교과서 1, 2』 등이 있다.

9 우주 탐사와 로켓

과학은 쉽다!

1판 1쇄 찍음 2024년 4월 17일
1판 1쇄 펴냄 2024년 4월 26일
글 이정아 그림 남동완
펴낸이 박상희 **편집장** 전지선 **편집** 송재형 **디자인** 전유진
펴낸곳 (주)비룡소 출판등록 1994. 3. 17.(제16-849호)
주소 (06027) 서울시 강남구 도산대로1길 62 강남출판문화센터 4층
전화 02)515-2000 **팩스** 02)515-2007 **홈페이지** www.bir.co.kr
제품명 어린이용 반양장 도서 **제조자명** (주)비룡소 **제조국명** 대한민국 **사용연령** 3세 이상

ⓒ 이정아, 남동완, 2024. Printed in Seoul, Korea.

ISBN 978-89-491-8936-9 74400 / 978-89-491-8927-7(세트)